论至高无上者

形而上学论文集 1675—1676

［德］莱布尼茨 著　　高海青 译　　王克迪 校

DE SUMMA RERUM:
METAPHYSICAL PAPERS,
1675-1676

人民出版社

本卷译自哈里·帕金森翻译编辑的《论至高无上者》

De Summa Rerum: Metaphysical Papers, 1675–1676

©1992 by Yale University

Originally published by Yale University Press

出版外国图书合同登记号：图字01-2018-1062

耶鲁莱布尼茨

丹尼尔·嘉伯　罗伯特·斯莱　主编

　　"耶鲁莱布尼茨"是一套系列丛书，其中包括大量的莱布尼茨文稿及其译文。每一卷不仅有原文，在对开页上还有英文翻译。原文文本达到了现代文本考证学的最高标准。其中有些文本来自科学院主编的《莱布尼茨书信著作全集》，其他文本则来自同样达到全集编辑标准的其他版本的著作书信集。有些文本来自莱布尼茨的手稿和早期印刷资料，在科学院版编辑的鼎力帮助下进行了编辑或重新编辑。我们的编译工作有一个新的目标，那就是使学生和学者更容易获取文本。

　　该系列丛书的目的不是出版莱布尼茨全集，也不是出版综合性的选集。尽管编辑与翻译都有统一的标准，但每一卷还是想成为独立的文集，自成一体。该系列丛书的重点是莱布尼茨的哲学思想，不过是广义上的，其内容不仅包括他的形而上学、认识论，还包括他的神学、物理学，乃至他的数学。

每一卷的编辑和翻译人，都是从国际学术界中选出的研究 17 世纪后期哲学最优秀的学者。

目　录

缩略词表

A=*Gottfried Wilhelm Leibniz: Sämtliche Schriften und Briefe*
(Darmstadt and Berlin: Deutsche Akademie der Wissenschaften zu
Berlin, 1923— ）。除了系列六第三卷外，按"科学院版"具
体的系列、卷号和页码引用。因为这本书中大部分参考文献都
来自这一卷，所以在这种情况下，没有提到系列和卷号，只是
把"A"放在了索引的页码前。

C=L. Couturat, ed., *Opuscules et Fragments inédits de Leibniz*
（Paris: Alcan, 1903; Reprint ed. Hildesheim: Olms, 1961）.

Foucher

de Careil=L. A. Foucher de Careil, ed., *Nouvelles Lettres et
Opuscules inédits de Leibniz*（Paris: Durand, 1857; Reprint ed.
Hildesheim: Olms, 1975）.

GM=C. I. Gerhardt, ed., *Leibnizens mathematische Schriften*
（Berlin and Halle: Asher and Schmidt, 1849—1863. Reprint ed.

Hildesheim: Olms, 1971），7 vols。按卷号和页码引用。

GP=C. I. Gerhardt, ed., *Die philosophischen Schriften von Gottfried Wilhelm Leibniz*（Berlin: Weidmann, 1875—1890. Reprint ed., Hildesheim: Olms, 1960），7 vols。按卷号和页码引用。

Grua=G. Grua, ed., *G. W. Leibniz: Textes inédits*（Presses Universitaires de France, 1948）.

VE=Leibniz Forschungsstelle, University of Münster, ed., *Gottfried Wilhelm Leibniz: Vorausedition zur Reihe VI—Philosophische Schriften—in der Ausgabe der Akademie der DDR*（Münster: Leibniz Forschungsstelle, 1982—　）。这个先行版本将分十册出版，它的页码是连续的；在我编辑这本书时（1990 年），它已经出版了八册。

关于文本与译文的说明

文　本

　　这里刊印的是科学院版系列六第三卷的文本；但这里没有像科学院版那样指出莱布尼茨的修订。文本中用到了下面这些符号：[方括号] 指的是科学院版的编辑们在这些地方对受损的文本或无意中漏掉的语词进行了修复；或者说，编辑们在这些地方对文本做了改动。〈尖括号〉指的是编辑们在这些地方对那些难以读懂的语词或由于文本受损而被遗漏的词语进行了推测性的修复。

　　科学院版的编辑们保留了莱布尼茨的标点符号。关于这一点，他们注意到，在莱布尼茨的作品中，逗号，尤其是分号，通常具有将标点符号前的短语与隶属于短语的谓词连接起来的功能。

译　文

我们的目的是产生一种既贴近原文又易于阅读的译文。这意味着我们有时不得不改变莱布尼茨的句子的结构。原文和译文的另一不同之处是，莱布尼茨倾向于在现代作家会使用引号的地方使用下划线。在这种情况下，原文中的下划线以斜体的形式保留了下来，而译文则使用了引号。还应该补充说明的是，引言和注释中给出的日期与新历一致；当莱布尼茨在巴黎时（1672—1676），法国就已经使用这种新历，但德国直到 1700 年 1 月底才开始采用这种新历。

在文本和译文中，科学院版的页码以页边码的形式被放在了文本和译文中。每一篇译文的开头也会给出科学院版中文本指定的编号。

引 言

1.《论至高无上者》的缘起与意义

1672 年 3 月底，莱布尼茨来到巴黎，为美因茨的外交官约翰·克里斯蒂安·冯·博纳伯格（Johann Christian von Boineburg）效力，后者于同年 12 月去世。莱布尼茨在法国首都又逗留了近 4 年，最后于 1676 年 10 月 4 日离开，到汉诺威的约翰·弗里德里希（Johann Friedrich）公爵那里任职。对莱布尼茨来说，他在巴黎度过的这段时期是其智力活动最紧张也最富有成果的时期之一。尽管他在德国接受了全面的大学教育，但那时德国的大学还比较落后。当他来到巴黎时，莱布尼茨对数学的最新发展几乎一无所知；[1] 至于哲学，他承认，在 1675 年之前，他对 17 世纪上半叶最重要的哲学家笛卡尔的了解大多都是根据通俗的阐述间接得来的。[2] 巴黎能够使他弥补这些缺陷。此时，这座城市可以理直气壮地宣称自己就是欧洲的知识中心。"在巴黎，"莱布尼茨于 1675 年 1 月致约翰·弗里德里希的信 [3] 中写道，"要想出人头地，绝非易事。在那里，你会发现，在所有的知识领域中，都有那个时代最博学的人。要在那里建立声望，你需要付出大量的努力，还需要一点决心。" [4] 决心和努力工作的能力是莱布尼茨的两大特点，他很快就被包括惠更斯、阿尔诺和马勒伯朗士等著名数学家和哲学家在内的知识界接受了。

莱布尼茨在巴黎期间主要从事数学方面的研究，他最终于 1675 年秋发明了微积分。[5] 尽管在巴黎期间，他把主要精力放在了数学和科学技术方面的研究上，[6] 但并没有完全忽视哲学。在他到达巴黎后不久，确切地说，在 1672 年夏至 1672—1673 年冬这段时间，莱布尼茨完成了关于自由意志的重要对话体文章《哲学家的告白》(*Confessio Philosophi*)。[7] 之后，他的哲学兴趣退居其次，直到差不多三年之后，也就是 1675 年 12 月，他才开始撰写系列性的哲学文章，并一直持续到 1676 年 4 月左右。就像他的许多文章一样，这些文章在他生前和死后很久都没有被发表出来；直到 1913 年，俄国学者伊万·贾戈丁斯基 (Ivan Jagodinsky) 在喀山出版了其中的大部分文章。[8] 他根据莱布尼茨本人的暗示 [9] 给出了一个标题，即《莱布尼茨：关于至高无上者的神秘哲学的要素》(*Leibnitiana. Elementa philosophiae arcanae de summa rerum*)。这个版本的缺陷令其声名狼藉；[10] 最近，莱布尼茨科学院版系列六第三卷题为《论至高无上者》那一部分（F 部分）提供了一个可靠的版本。

　　科学院版的编辑们以《论至高无上者》为标题收录进来的 [xii]
文章不只是莱布尼茨写于 1675 年 12 月至 1676 年 4 月的哲学
文章。从 1676 年 10 月初离开巴黎到 12 月中旬抵达汉诺威，
莱布尼茨这期间又写了一系列有关哲学主题的文章。这些文章
中的第一篇是一件讨论与运动有关的哲学问题的长篇作品，即
《帕西迪乌斯与爱真理者的对话》（*Pacidius Philalethi*），它写
于 1676 年 10 月 29 日至 11 月 10 日，当时莱布尼茨正在等待
从伦敦前往荷兰的航程。随后他又写了其他一些哲学作品，其
中有些作品与莱布尼茨于 1676 年 11 月 18 日至 21 日拜访海牙
的斯宾诺莎有关。所有这些文章——包括《帕西迪乌斯与爱真
理者的对话》等——在主题上都与 1675 年 12 月至 1676 年 4
月的文章密切相关，所以科学院版的编辑们将这些文章视为同
一组文章的一部分，并给它们取了一个标题《论至高无上者》。

　　本卷将考虑翻译 1675 年 12 月至 1676 年 4 月的文章和
1676 年 10 月至 12 的文章，但其范围是有限定的。这些文
章分为两大类，它们在写作时间上重叠。其中一类 **11** 研究的
是数学哲学（尤其是无限问题）和关于运动本质的哲学问题。
另一类研究的是与上帝和人的心灵有关的哲学问题，或确切地
说，形而上学问题。这里给出的是那些属于第二类最重要的文
章的文本和译文，以及 1676 年 3 月至 12 月间莱布尼茨在不同
场合写的一些形而上学的笔记的节选。**12** 这里用的是科学院
版的文本。

本卷所呈现的作品对于研究莱布尼茨哲学的学者来说至关重要。它们构成了形而上学体系的一个又一个的草图，不过，这个体系一点也不幼稚，因为其中包含了许多最为人所熟知的学说。这并不是说这些文章中提到的所有的哲学学说都是第一次面世；但是，在《论至高无上者》中，我们发现莱布尼茨第一次尝试 **13** 以体系的形式呈现他的学说。研究莱布尼茨的学者对这些文章之所以感兴趣还有另外一个理由。在他出版的作品和书信中，莱布尼茨非常关切他的观点对他的读者的影响，尤其关切他的观点是否乏味，是否令人讨厌。**14** 谈到哲学家应该如何面对他们的公众，莱布尼茨说道（A 573）："形而上学应该用准确的定义和推证来书写，而除了那些与公认的观点不太冲突的观点之外，任何东西都不应该在形而上学中加以推证。因为只有这样，这种形而上学才能被接受。"然而，从《论至高无上者》的大部分篇幅来看，莱布尼茨是为自己而写的，他并没有修改他的观点的表达方式以适应他的公众。**15**

因此，《论至高无上者》为我们深入了解莱布尼茨在其发展的重要阶段的哲学思想提供了一个有价值的视角。但必须指出的是，呈现在我们面前的并不是一个已经完成了的作品，而是一个正在被完成的作品。它由一系列短文和笔记构成，其中有些只有一页的篇幅，莱布尼茨并没有试着将它们彼此联系起来。**16** 有时候，莱布尼茨在讨论还没有完全结束之前就中断了讨论；有时候，他会认为他先前提出的观点不恰当而放弃了。这些主题也没有一个有序的顺序。通常，《论至高无上者》的一篇文章会涉及若干主题，[17] 而试图追踪莱布尼茨关于任何一个主题的观点的读者则必须通过多篇文章来对其进行探讨。既然如此，对这些作品不熟悉的读者就需要某种指导，而我们可以通过追踪莱布尼茨的暗示来提供这种指导。我们刚刚看到，他谈到了用准确的定义和推证来书写形而上学（A 573），莱布尼茨在其他文章中还谈到了用几何的形式来书写他的作品（A 472, 584）。因此，我们可以通过把分散在这些文章中的学说放在一个演绎体系中试着将它们统一起来。[18] 然而，在这里，我将采取说明的方法，尽管这种方法带有体系性，但它并不是演绎性的。我还将试着证明这些文章对莱布尼茨的发展的重要性；而要做到这一点，就要把它们放在一个历史背景下，指出它们的新颖之处，以及它们所提出的观点中哪些被莱布尼茨后来的哲学采纳了。

但在阐述之前，必须解决一个翻译问题。这个问题是，莱布尼茨在这些论文中谈到"summa rerum"时是什么意思？答案是，这个术语有些模棱两可，但并不严重。一种可能的意思是"事物的总体"，即"宇宙"，莱布尼茨确实有时在这个意义上使用这个术语。比如，在完成于1672—1673年间的《哲学家的告白》中，莱布尼茨说道（A 146），无论存在什么，都必须被认为是最好的——只要你考察的是整个宇宙（"si summam rerum spectes"），而不是它的这个或那个部分。在本卷翻译的一篇论文中，这个短语似乎有着同样的意思。这篇文章（本卷第 22 篇，A 583）的标题是《关于宇宙的绝妙推证链条》，提到了一系列的关于空间、时间、真空和基本粒子的命题。但是，在 1676 年 2 月 11 日的一篇文章中，有人提议将作品命名为 "De summa rerum"，这主要根据的是它对上帝本性的描述，那么在这种语境下，这个短语最好被译为 "论最高的事物"，即 "论至高无上者"。总体上讲，本卷所涉及的论文都是关于至高无上者以及祂与祂的受造物的关系的。那么，从今以后，当 "De summa rerum" 被用作本卷所包含的文章的标题时，我就会把它理解为 "论至高无上者"。

2. 哲学和对原初真理的探索

要把《论至高无上者》中的哲学学说以有序的形式呈现出来，我们最好还是从莱布尼茨对这个问题的回答开始："哲学应该从哪里开始？"莱布尼茨在本系列的一篇写于 1676 年 4 月 15 日的篇幅较长的文章的开头一段（A 508）给出了答案。莱布尼茨说道，实际上，哲学应该从"原初真理"开始。他指出，这种真理是无法被证明的，它们可以分为三类：

（1）命题"我拥有这样那样的显象"。

（2）命题"A 是 A"。

（3）定义。

莱布尼茨补充说，我们有理由用一个不同的原初真理来开始自己的哲学，即"我思"。他暗示说，这是笛卡尔用来开始自己的哲学的那个命题；但问题是，笛卡尔"并没有将他的分析深入到最深层，即原初形式；也就是说，他没有从上帝开始"（ibid.）。

这段话提到了许多学说，这些学说不仅在《论至高无上者》中很重要，而且在莱布尼茨成熟时期的哲学中也很重要。命题（1）[19]与莱布尼茨在1675年就已经提出[20]并在此后一直坚持的一个论点密切相关：即就事实性的或偶然性的事物而言，原初真理是指我们内在直接知觉到的东西。现在我以这种方式所知觉到的，既包括我自己，即那个能思物，也包括我的思想的多样性。[21]我们稍后再讨论这一主题(第5节)；在这里，我们要讨论的是命题（2）和命题（3）。

当莱布尼茨说"A是A"是原初真理时，他实际上是说同一性命题是原初真理。莱布尼茨在《论至高无上者》的其他地方（A 506—507）解释说，他所谓的"同一性命题"不仅指"A是A"，还指"A不是非A"[22]，而且没有理由否认后一种形式的命题是原初真理。几年以后（在一篇题为《原初真理》的文章中），莱布尼茨又说道，同一性命题，在上述定义的意义上，是无条件的原初真理[23]——虽然或许更确切地说，它 [xv]
们是**理性**的原初真理，而不是命题（1）那种依赖经验的原初真理。

断言同一性命题是原初真理，这给我们提出了两个问题。首先，凭什么说它们是真理？其次，凭什么说它们是原初真理？《论至高无上者》包含了这两个问题的答案。对第一个问题的一种可能的回答有可能是，同一性命题的真理性是通过某种绝对可靠的直觉——比如说，笛卡尔所说的"清楚明白的知觉"——为我们所知的。莱布尼茨在他写给斯宾诺莎的一篇文章的注释中讨论了这一观点，他指出，仅靠诉诸经验，不足以使我们宣称一个人能在自己内心清楚明白地知觉到某种东西。**24** 他说，那些声称拥有这种经验的人必须告诉别人他们怎样才能同样拥有这种经验——他暗示道，笛卡尔没有做到这一点。

那么，我们有什么理由说同一性命题为真呢？我们看到，在《论至高无上者》中，所谓的"同一性命题"，莱布尼茨不仅认为它是"A 是 A"这种形式的命题，还认为它是"A 不是非 A"这种形式的命题。断言后者为真，相当于说"A 是非 A 为假"，而这通常被称作"矛盾原则"；事实上，莱布尼茨在他后期的作品中经常把"A 是 A"意义上的同一原则与矛盾原则糅合在一起，例如，他说道，"矛盾原则，或者，同样也可以说，同一原则"**25**。矛盾原则在这里的上下文中很重要。莱布尼茨在《论至高无上者》中的一篇完成于 1676 年 3 月 22 日的文章里讨论了它的有效性。以 3 × 3 = 10 这个命题为例，莱布尼茨说，断言这一命题为真的人必定"以不同于……已经同意的方式使用语词"。莱布尼茨接着说道，这样的人"愿意同时既陈述某一事物，也陈述它的反面，即破坏语词的使用；因为这样的话，说任何你喜欢的话都同样合法"。此外，正如莱布尼茨在大约同一时期的一篇文章（A 507∶1676 年 4 月上半月）中所说的那样，"A 是 A"和"A 不是非 A"这样的命题必须被给定，因为如果它们不被给定的话，"说话就会徒劳无获"。总之，矛盾（或同一）原则是理性交谈的前提。十年后，莱布尼茨在一封写给他的巴黎老友——即傅歇神父，他为一种亚加德米派怀疑主义进行了辩护——的信中提出了同样的观点。**26** 在这封信中，莱布尼茨讨论了矛盾原则，他断言"包含矛盾的命题不可能为真，包含矛盾的事物也不可能存在"。为了捍卫这一原则，莱布尼茨对傅歇说道："当你写作和推理时，你 [xvi] 已经假定了这些原则；否则你在任何时候都有可能为那些与你所说的相反的东西辩护。"因此，每一个"严肃的真理追寻者"都必须接受矛盾原则。**27**

　　现在我们来讨论第二个问题：即凭什么认为同一性命题，不仅仅是真理，而且是原初真理。答案似乎显而易见。莱布尼茨曾经说道，原初真理是无法被证明的（A 508，本节开头引用了这篇文章）；而"A 是 A"或"A 不是非 A"这种形式的命题就是无法被证明的真理。不过这里有一些复杂。正如我们所看到的，莱布尼茨认为，对同一原则进行论证是可能的。但需要指出的是，这种论证并不涉及从某一命题或某些命题演绎出所讨论的命题。换句话说，原初真理是无法被演绎出来的，或如莱布尼茨所说，是无法"被推证的"。那么有人就会问：按照莱布尼茨的说法，什么才能演绎出一些东西？正是在这里，这部分开头所列出的第（3）类原初命题起到了作用。

　　我们知道，这类命题由定义组成。在他后期的著作中，莱布尼茨并不认为定义是原初真理；**28** 在《论至高无上者》中，他有可能认为它们是原初真理，因为(就像其他原初真理一样)它们无法被推证。撇开这个不谈：定义的重要之处在于它们在演绎论证中起到了作用。这一点在《论至高无上者》中得到了承认，莱布尼茨在文中指出，那些必然但非同一性的命题可以通过同一性命题"以及定义或分析"的帮助得到"证明"(A 575: November 1676?)。换句话说，推证一个命题就是通过用定义替代被定义的词项，将其简化为一个同一性命题。**29** 这一直都是莱布尼茨的观点：比如，在一篇大约写于 1689 年的关于自由的文章 **30** 中，他说道："推证就在于：通过分析一个命题的词项，并用定义或定义的一部分替代被定义的词项，我们便可以在一个可逆的命题中推证谓项与主项在某种意义上相等或一致。"**31**

　　莱布尼茨关于定义在推证中的重要性的论述并非最早出现在《论至高无上者》中。在他早期的哲学著作《论组合术》(*De Arte Combinatoria*, 1666) 中，莱布尼茨就曾指出 (A VI.1,199)，推证有一个"轨迹"或"主题"，即定义；他后来在 1671 年和 1672 年的信件和文章中解释说，推证不过就是各种定义的组合。**32** 而《论至高无上者》的新颖之处在于，莱布尼茨指出了某些与定义所引发的问题有关的东西。这种问题涉及，与其说是真理，不如说是所讲内容的真正意义，因此将在新的一节中加以讨论。

[xvii]

10

3. 观念、可能性和上帝

要介绍这个问题，我们必须从莱布尼茨关于定义的本性的论述开始：即定义就是用语词或其他符号来表示。《论至高无上者》的第一篇文章明确谈到了这一点，莱布尼茨在文中指出（A 463），定义就是语词的聚合。莱布尼茨早就提出了这一观点，并且在他后来的作品中也一直坚持这一观点。[33] 这里所产生的问题可以用它在《论至高无上者》中的表达方式来表述。莱布尼茨在文中指出，以定义或符号为工具的程序是一码事，以观念为工具的程序则完全是另一码事（A 462）。他的观点是，进行推证就是去**思想**，而思想是通过观念来完成的。定义有其用途，因为它们能够使我们固定我们的思想，从而使我们自己和其他人能够轻易地进入它（ibid.），但我们不能用语词或符号来思想。这些**东西**代表思想的单位，而莱布尼茨在这里将思想的单位视作观念。在他后期的作品中，莱布尼茨对思想和语词的关系也持类似的观点，尽管那时他认为，有意义的语词（或更确切地说，名词）是概念的记号。[34]

在《论至高无上者》中，莱布尼茨为了指出定义所涉及的问题，用到了一个特殊的例子（A 462）。他列举了这一说法，即"不可设想的无与伦比的伟大的东西"。他并没有明确地将此与定义的话题联系起来，但毫无疑问，他已经意识到了这是定义上帝的一种方式。[35] 现在我们有了这一说法的各个部分的观念，也就是说，我们有了"无与伦比"的观念，"设想"的观念，等等。莱布尼茨称这些观念为"单纯物"的观念。接着他又论证道，我们相继有了这些观念，但并没有把它们彼此连接起来。不过，稍后，我可能会把代表这些观念的语词或符号连接起来，而当我这样做时，我自以为我有了"不可设想的无与伦比的伟大的东西"的观念。但在这一点上，我欺骗了自己；事实上，我并没有在同一时间想到所有这些。唯一能形成这种观念的存在者是上帝，祂能在同一时间想到许多事物，甚至所有事物（A 463）。莱布尼茨认为（A 462—463），从可能性的角度也可以得出同样的结论。也就是说，与其说我们没有"不可设想的无与伦比的伟大的东西"的观念，不如说我们无权仅仅根据我们的单纯物的观念就断言这样一种存在者是可能的。

[xviii]　　莱布尼茨始终认为最重要的是确定我们什么时候有真观念，甚或我们什么时候有可能自以为思想真观念。举例来说，这是他 1684 年发表的《对认识、真理和观念的沉思》（*Meditationes de Cognitione, Veritate et Ideis*, GP IV, 422—426）这篇重要文章所讨论的主题之一。但是，他并没有始终遵循刚才基于我们关于复杂事物的思想的所谓相继性来描述的那种论证思路。他在《论至高无上者》第 1 篇文章中对这一论证的阐释存在一个重要的缺陷，那就是他没有给"观念"一词下任何定义。在写完这篇文章后不久，莱布尼茨就傅歇对马勒伯朗士《真理的探索》第二卷的评论做了一些笔记，**36** 他在笔记中指出，"观

念"一词有些模棱两可。他指出（A 315—316），在某种意义上，观念可以被认为是思想的一种质或形式，是我们心灵的一种"存在方式"。不过，它也可以被认为是"知觉直接或最近的对象"，因此当我们想到（比如）存在者、同一性、思想或绵延时，我们所想到的是观念。实际上，莱布尼茨在这里对作为某种心理存在物（第一感觉）的观念与作为概念的观念做了区分。这就是莱布尼茨在他关于傅歇的笔记中所做的区分；在本卷（A 462—463）中，他似乎在两种意义上运用"观念"一词，但没有明确地把它们区分开来。他说，我们"有"观念（A 462），我们"内心"有某些观念（A 463），这里的观念是第一种意义上的。而当他又相继说到（A 463）不存在所有数字的数目的观念，不可能有最快速的运动的概念时，他所说的观念是概念。**37**

　　莱布尼茨似乎已经意识到，当观念的真实性受到质疑时，问题的关键与心理无关，它与所谓的人类不能在同一时刻思想任何复杂事物的事实无关。毋宁说，这个问题与概念有关，尤其是与概念的自洽性有关。我们再来看一下前面列举的那一说法——"不可设想的无与伦比的伟大的东西"。莱布尼茨会问，是否存在着一个与这一说法相对应的观念？他这么说的意思是，是否有一个自洽的"不可设想的无与伦比的伟大的东西"的概念？换句话说，这样一种存在者实际上可能吗？或者说，就像假定所有数字有一个数目，假定有最快速的运动会产生矛盾（A 463）那样，假定有这样一种存在者，是不是也会产生

13

矛盾?

前面提到的"不可设想的无与伦比的伟大的东西"是定义上帝的一种方式;而事实上,当莱布尼茨在《论至高无上者》[xix]中考虑可能性的确立时,他最关心的便是上帝的可能性。这不足为怪,因为这些文章的主题就是至高无上者。但是,莱布尼茨如此关心至高无上者的可能性,似乎有些令人感到惊讶;因为人们可能会认为,神学家想要确立的是上帝存在,而不仅仅是上帝是一种可能性。莱布尼茨会回答说,他也关心上帝存在的确立。但他会说,如果一个人想要根据上帝概念来论证上帝存在(就像有些人所做的那样),他必须首先确保这个概念是自洽的,并且上帝无论如何都是一个可能的存在。这里我们所涉及的是所谓的上帝存在的"本体论"论证,它是由安瑟伦、笛卡尔以及斯宾诺莎——莱布尼茨在 1675—1676 年冬与他们共同的朋友契恩豪斯讨论过他的哲学(A 380, 384—385)——提出的。莱布尼茨在《论至高无上者》中有很多关于这一论证的论述,而他对它的解释值得我们认真考察。

广义上讲,我们可以用"本体论论证"一词来指任何从上帝的定义或概念到上帝的存在的论证。但重要的是要认识到,这个论证有两个版本。第一个版本是笛卡尔提出的,莱布尼茨将其与安瑟伦提出的论证联系了起来。安瑟伦的论证(莱布尼茨在谈到阿奎那对它的批判时顺带提了一下它:A 510—511)基于这种上帝的定义,即上帝是不可设想的无与伦比的伟大的东西。莱布尼茨认为这和笛卡尔的论证一样,笛卡尔是基于最完满的存在者的概念，而莱布尼茨所讨论的正是笛卡尔的提法。**38** 这个论证很熟悉：最完满的存在者根据定义必定包含一切完满性；而存在是一种完满性，因此最完满的存在者必定存在。莱布尼茨说，如果这个论证想要被接受（大致说来，这个论证是合理的），我们必须能够证明最完满的存在者是可能的，也就是说，它的概念不包含矛盾。因为，正如莱布尼茨在他后来的某些作品中所解释的那样，**39** 如果这个概念自相矛盾，我们便可以从中推断出最完满的存在者既存在又不存在。

在《论至高无上者》中，莱布尼茨声称（A 395, 22 March 1676）他"也许是第一个证明了"最完满的存在者是可能的人，所以他带有这方面意思的论证似乎最早出现在了这本书中。这个论证在许多草稿——它们的最终形式便是 1676 年 11 月 18 日至 21 日间提交给斯宾诺莎的那篇文章 **40**——中都有表述，而根据莱布尼茨对它的阐述也很容易得到理解，所以不再赘述。**41** 不过，有两点需要提及。第一点，莱布尼茨的论证表面上并没有从概念的角度来表述。莱布尼茨将完满性定义为"每一种实有的、绝对的简单的质"（A 578），他的论点是，所有这些质都是相容的，也就是说，可以存在于同一存在者之中。他并没有说，各种完满性的概念是相容的，所以有一个真实的最完满的存在者的概念。这里并没有不自洽的地方；莱布尼茨在提交给斯宾诺莎的文章的注释（A 579）中明确指出，说最完满的存在者是可能的，就是说有这样一个存在者的"概念"。第二点，是关于这一论证在莱布尼茨思想史上的地位。

[xx]

莱布尼茨始终都认为这里提出的这个论证是合理的；在成文于
1685 年前后的一些关于形而上学的概念的定义中，**42** 以及在
1714 年《单子论》的第 45 节中，都有对它的简要阐述。

本体论论证的第二个版本基于这种上帝的定义，即上帝是
一个必然存在者，也就是说，是一个它的存在属于其本质的存
在者。斯宾诺莎在《伦理学》中给出了这一论证；**43** 莱布尼茨
在 1676 年 4 月 15 日所写的一篇文章中也暗示了这一点，他在
文中指出（A 511），有必要证明不可能不存在的事物（即必然
存在者）的可能性，以及最伟大或最完满的存在者的可能性。
毫无疑问，他在那篇有可能完成于 1676 年 11 月至 12 月的文
章中表达了这一点（A 576, 582—583）。他的论证是这样的：
必然存在者是这样一种存在者，即它的存在来自其本质（或者
说，它不存在会引起矛盾），所以，必然存在者必然存在。而
任何必然存在的事物，都存在（A 576）。

莱布尼茨后来说，这种论证比基于上帝完满性的论证更可
取，因为它可以表达得更简洁，而且避免了那些谈论上帝完满
性的晦涩难懂的措辞。**44** 但是，正如最完满的存在者的可能性
必须得到确立那样，必然存在者的可能性也必须得到确立。**45**
在 1676 年 2 月 11 日（A 472）写的一篇文章的注释中，莱布
尼茨就这样一个存在者的可能性给出了论证。这个论证似乎基
于另一种关于上帝存在的论证，即宇宙论论证。莱布尼茨论证
道，既然存在某种事物，既然万物都有原因，那么必定存在一
个必然存在者；既然必然存在者存在，那么（从存在推出可能

性）这样一个存在者就必定是可能的。莱布尼茨似乎并没有在其他地方使用过这种论证；而事实上，即使它是有效的，它似乎也是多余的。因为莱布尼茨实际上是在提议用一种必然存在者的存在来证明这样一种存在者是可能的——这样他就能证明它存在了。也许重要的是，莱布尼茨后来说（1677 年 4 月），尽管他认为人们可以给出这样的证明，但还没有人给出过。**46**　[xxi]

　　在我们离开这两个版本的关于上帝存在的本体论论证之前，有一个重要的问题需要考虑。这个问题便是：即使我们假定这些论证是有效的，它们能在"上帝"一词任一标准意义上确立上帝存在吗？最完满的存在者的完满性到底是什么？到目前为止，我们对它们的了解只是，它们是简单的、实有的、绝对的质；但它们是通常归诸于上帝的完满性吗？同样的道理也适用于莱布尼茨关于必然存在者存在的论证。莱布尼茨是如何从这样一个存在者得出这种通常被称作"上帝"的存在者的？尽管莱布尼茨在《论至高无上者》中并没有明确讨论这一切，不过有迹象表明他将会以何种方式讨论它们。首先必须强调的是，莱布尼茨认为，最完满的存在者或必然存在者就是有神论者所认可的上帝；没有任何迹象表明他是秘密的斯宾诺莎主义者。他明确地指出，上帝不是自然，或必然性，或世界；相反，"上帝是一种实体，一个位格，一个心灵"（A 475）。而且上帝不仅是一个心灵，祂还是最有智慧、最有权力的国王，祂的臣民是诸心灵（A 476）。那么，上帝的完满性究竟是什么呢？莱布尼茨又是如何为之辩护的呢？

实际上，他的论证基于以下原则（A 520）：任何以有限定的方式存在于有限事物中的肯定形式（即完满性），也以绝对的方式存在于最完满的存在者中。**47** 这不仅仅是一个特设原则；莱布尼茨可能会通过词项本身的意义来宣称这个原则为真，因为如果一个词项不受任何限制地表现了它所表现的东西，那么它就可以被称作"实有的、绝对的"（A 577—578）。后来，莱布尼茨用经院哲学的术语表达了同样的观点，他说（*Principes de la Nature et de la Grâce*, 1714, sec. 9; GP VI, 602），被造实体的完满性被"更显著地"包含在上帝之中。**48**

在《论至高无上者》中，莱布尼茨运用这一原则推导出了许多上帝的属性：不可测量性（immensitas）**49**、永恒、全能、完满以及全知（A 520）。令人奇怪的是，莱布尼茨竟然将完满（即绝对存在）列为上帝的完满性之一；这将使得完满也成为上帝的完满性之一。不过，有一点或许值得注意，那便是，在莱布尼茨讨论上帝完满性的另一篇文章中，他却只提到了全知、不可测量性、全能和永恒（391—392）。**50** 同样令人惊讶的是，莱布尼茨没有把上帝的仁慈看作祂的完满性之一。而更严重的缺陷是，他没有回答为什么应该从有限存在者所拥有的数量巨大的特质中挑选出某些特质来作为论证上帝完满性的基础。**51**

[xxii]

我们现在来讨论一下这一问题，即必然存在者是否可以被正当地称作"上帝"。莱布尼茨在《论至高无上者》中关于这一点的论述非常简略。他一开始这样说道（A 587），即必然存在者作用于自身；而他之所以这样说的理由可能是，必然存在者也是自因。**52** 但他却继续说道，说必然存在者作用于自身，也就是说它思想；因为去思想就是去感知自身。**53** 由此，莱布尼茨接着说道，必然存在者通过最简单的方式来行动，**54** 也许是因为这样做是最高心智的标志。这似乎是莱布尼茨对这个主体的全部看法。给人留下的印象是，尽管莱布尼茨更喜欢从必然存在者的概念出发进行论证，但从最完满的存在者的概念出发进行论证更有可能给他那些他想要的东西。

4. 矛盾原则、充足理由原则与和谐原则

莱布尼茨在他后来的作品中经常表达这样一种观点，即我们的推理基于两个主要原则——矛盾原则和充足理由原则。第一个原则有许多种说法，我们可以把《单子论》第 31 节（1714: GP VI, 612）给出的表述当作典型的说法：即矛盾原则是这样的，"我们根据这个原则宣布自身含有矛盾的东西是虚假的，而与虚假相对立或相矛盾的东西则是真实的"**55**。我们已经注意到（引言第 2 节的注释 25），莱布尼茨在他后期的作品中认为矛盾原则也可以被称作同一原则；例如，他谈到了"矛盾或同一原则"，说这一原则不仅表明 A 不能是非 A，而且还表明 A 是 A。**56** 数学真理等诸如此类的必然真理就建立在矛盾原则的基础上。**57**

莱布尼茨在《论至高无上者》中并没有提到"矛盾原则"

这一术语，但他肯定涉及到也用到了这个原则。正如第 2 节所指出的那样，他把命题"A 是 A"视作原初真理（A 508），并将"A 不是非 A"与"A 是 A"联系了起来（A 506—507）；他还说道（A 508），所有的同一性命题都为真。此外，他还含蓄地指出了矛盾原则与必然真理有着密切的联系，认为（A 575）必然的不可推证的命题都是同一性命题，而其他所有（必然）真理都可以借助于它们和定义来证明。**58** 然而，他并没有在《论至高无上者》中明确地说，必然真理的对立面包含矛盾，尽管这就是他的观点，**59** 并且自始至终都是他的观点。**60** 我们还应该注意的是，矛盾原则不只是在《论至高无上者》中被简单地提到了，而且在莱布尼茨形而上学的建立中也得到了运用；因为本体论论证就建立在这样一个论点之上，即否认最完满的存在者或必然存在者的存在会导致自相矛盾（因此是错误的）。

[xxiii]

就像矛盾原则一样，在莱布尼茨那里，充足理由原则也有许多种说法。**61** 最著名的提法或许来自《单子论》第 32 节（1714: GP VI, 612）。凭借这一原则，莱布尼茨说道："任何一件事如果是真实的，或实在的，任何一个命题如果是真的，就必须有一个它为什么这样而不是那样的充足理由，尽管在大多数情况下我们不可能知道这些理由。"莱布尼茨常常不用形容词"充足"来表述明显相同的原则，例如，"任何事情都有其发生的理由"的原则（to Arnauld, 14 July 1686, GP II, 56），或"任何事情都有其发生的原因"的原则［例如，*De verum a falso di-*

20

agnoscendi criteriis, 1685—1687?（GP VII, 301；参看 VE Fasc. 6, p.1172）]。

　　莱布尼茨在《论至高无上者》中并没有使用"充足理由原则"这一术语，但他以"任何事物都有其存在的理由"（A 587）和"任何事物都有其存在的原因"（A 584）这一论断的形式陈述了这一原则。"充足理由"一词可以在他之前的作品中被找到，**62** 比如，在那篇可能成文于 1671 年秋至 1672 年年初的题为《原初命题的推证》（*Demonstratio propositionum primarum*, A VI.2, 483）的文章中，莱布尼茨就对该原则做了特别有趣的讨论。他首先将"充足理由"定义成"那种东西，即如果它被给予，事物便存在"，并将"必要条件"定义成了"那种东西，即如果它不被给予，事物便不存在"。然后，他论证道，任何存在的事物都有其一切必要条件；因为如果其中一个必要条件没有被给予，那么（根据"必要条件"的定义可知）事物将不会存在。他接着说道，如果一个事物其一切必要条件都被给予，那么它就会存在（因为如果它不存在，它必定缺少其中某个必要条件）；因此（根据"充足理由"的定义可知）一个事物的一切必要条件构成了一个充足理由；因此，任何存在的事物都有其充足理由。

　　这种证明同样以不那么正式的形式存在于《论至高无上者》（A 584, 587）中。它在两个方面很有趣。首先，它清楚地表明，莱布尼茨所指的"充足理由"在这里将被称作"充分条件"，他把某物的充足理由看作其一切"必要条件"的总和，也就是

[xxiv]

21

这里所谓的其"必然条件"的总和。这个论证的第二个有趣的特点是，它是一个形式化的证明；莱布尼茨并不认为充足理由原则是一种不可推证的真理，就像矛盾原则或同一原则一样。在他后期的哲学作品中，莱布尼茨仍然认为充足理由原则是一个可证明的命题，不过他给出了不一样的证明。正如他在《神正论》的附录（1710: GP VI, 414）中所指出的那样，充足理由原则"包含在真理与谬误的定义中"。这个论点（我们在《形而上学谈》和《与阿尔诺的通信》中经常看到）**63** 基于莱布尼茨那个著名的观点，即在每一个真命题中，谓项的概念都包含在主项的概念中。那么，要证明一个命题为真，就要说明谓项的概念**以何种方式**被包含在主项的概念中（或者说，就要把那个要被证明的命题还原为同一性命题）；因此，每一个真命题都可以被证明，也就是说，有充足的理由证明其真理性。《论至高无上者》中并没有出现这样的论证。在这里，莱布尼茨只是说道，如果一个事物的一切必要条件都被给予，这一事物便存在；他并没有说这些必要条件在某种程度上是事物的概念所固有的。

根据莱布尼茨的观点，充足理由原则具有普遍适用性；它告诉了我们这一点，即没有什么事物在原则上是不可解释的。莱布尼茨也使用这一原则，但不只是为了说明我们必须一直寻求理由，**64** 他还通过它确立了关于这个世界和它的创造者的特定的形而上学命题。我们将在后面的几节中讨论莱布尼茨关于世界的形而上学论述；但在这一节，我们有必要解释一下莱布尼茨在论证上帝存在时是如何运用充足理由原则的，因为这可以补充上一节所讨论的本体论论证。

　　这种论证似乎是一种非常古老的论证——只不过是我们熟悉的关于上帝存在的"宇宙论"或"第一因"论证。不过，莱布尼茨的论证版本有一个微妙之处。最常见的宇宙论论证认为，原因不可能无限倒退；它断言了康德所说的"感性世界中一个接一个地给出的无限系列的原因是不可能的"**65**。莱布尼茨的论证并没有断言任何这样一种不可能性。在《论至高无上者》（A 587: December 1676?）中，他论证道，形体序列必定有一个终极原因，而这个原因不可能是一个形体。不过，他并没有将他的论证建立在"形体无限接续是不可能的"这一论点之上。相反，他说道，即使假定这样一种接续，充足理由原则也得不到满足；因为"即使你追溯至无限，你也只不过是增加形体；你不会理解为什么它应该是这样而不是那样"。这种论证与斯宾诺莎在 1663 年的一封信（Ep. 12）中提出的论证相似，这封信于 1676 年年初经由他们共同的好友舒勒（Schuller）转交给了莱布尼茨，莱布尼茨对信中的内容表示赞同（A 282, n.25: February 1676?）。但是，莱布尼茨的这种论证并非来自斯宾诺莎；因为我们在莱布尼茨 1669 年完成的最早的作品之一《自然对无神论者的告白》（*Confessio Naturae contra Atheistas*, A VI.1, 490; GP IV, 106—107）中也可以找到类似的论证。**66** 莱布尼茨自始至终都认为这种论证是合理的，比如说，我们在他 1697 年发表的《论事物的终极

[xxv]

起源》（*De Rerum Originatione Radicali*）中也可以找到这种论证。**67**

　　莱布尼茨在《论至高无上者》所包含的论证中继续说道，适用于形体的道理，也同样适用于一切并非必然存在的事物——也就是说，那些其存在的理由并不在它们自身之中的事物。另一方面，终极原因确实必然存在——是一个必然存在者。为了完成这个论证，莱布尼茨本应该证明只有一个必然存在者，但在当前考虑的文章（A 587）中，他并没有试着这样去做；他只是断言只有一个这样的存在者。不过，对于这一结论，他早就给出了一个论证，因为在《自然对无神论者的告白》中，他就以"万物之间的和谐"为基础论证了运动的终极原因的唯一性。**68**

　　我们现在来讨论一下本节要考虑的三个原则中的最后一个。在他后期的哲学中，莱布尼茨经常用到一个原则，他称之为"最佳原则"。**69** 它可以被看作是充足理由原则的一种特殊形式；说它特殊，是因为它只涉及偶然的事物和真理，而充足理由原则具有普遍适用性，**70** 还因为这种"充足理由"是决定上帝在创造宇宙时的选择的理由。这一原则可以这样来表述：偶然事物之所以存在，是因为上帝选择创造它们，而上帝的选择取决于对最佳事物的认识。在《论至高无上者》中，莱布尼茨没有明确地提到"最佳原则"；但他确实说过，"说事物存在就相当于说上帝把它们理解成是最好的"（A 588），"存在就是被理解为是好的"（A 512）。有人可能会认为莱布尼茨应该说，上帝不仅理解某些事物的存在是最好的，而且祂还意愿它们应该存在。而莱布尼茨解释说（A 512），如果上帝理解某种事物是最好的，那么祂也就会意愿它。因此，有人可能会说，《论至高无上者》承认"最佳原则"。然而，莱布尼茨在这部作品中却说，通常情况下，上帝的选择不能用好或最好来解释，而是用和谐来解释。因此，举例来说，在上述引证的那段话（A 588）中，莱布尼茨在"最好的"一词后面加上了"即最和谐的"；而在另一篇文章（A 474）中，他则直接说道，"存在即和谐"。那么，我们就可以不无适当地说，根据《论至高无上者》的观点，上帝的选择取决于"和谐原则"，尽管莱布尼茨实际上并没有使用这个术语。为什么莱布尼茨更喜欢谈"和谐"，关于这一点，大家稍后就会明了；就目前而言，我们可以注意到，这种语词并不是最早出现于《论至高无上者》，**71** 它的使用也并不仅限于这一作品；直到《人类理智新论》（*Nouveaux Essais*, 1703—1704, 3.6.12），他还说他相信"宇宙中存在着其完美和谐所能承认的一切事物"。《论至高无上者》对和谐原则的运用的独特之处在于它在这里是一个核心概念。

[xxvi]

正如刚才所看到的那样，和谐原则是决定上帝意志的原则。要想准确地把握这个原则的含义，以及为什么莱布尼茨认为它是正确的，最好考虑一下上帝意志在莱布尼茨形而上学体系中的位置。莱布尼茨在《论至高无上者》中并没有系统地讨论这个问题，但他的论述足以使他的论证得到重建。我们可以从 1676 年 12 月 12 日的一篇文章的一段话开始。莱布尼茨在这段话（A 581—582）中指出，并非所有的可能事物都存在；因为有些事物本身或许是可能的，但却与其他事物不"可共存"。这一点在莱布尼茨的哲学中至关重要；它是从他的"可能世界"概念中发展出来的，并且是他对那些认为任何存在的事物都有其逻辑必然性的哲学家的回答的核心所在。[72] 在刚刚引用的这段话中，莱布尼茨接着说道，如果一切可能的事物都存在，那么"存在就不需要理由了，只要有可能性就够了"（A 582）。这意味着，他说道，将不会有上帝——或至少不会有"虔信者所信仰的"那种上帝，也就是说，有神论者所信仰的那种上帝；因为一切都将在逻辑上是必然的。但是，必然论者的观点是错的；某个 x 是可能的但却并不存在这一事实驳斥了这一论点，即无论 x 是什么，如果 x 是可能的，那么 x 就存在。从这一点出发，该论证似乎需要按照以下所述的方式进行。根据充足理由原则，某些事物而不是其他事物存在必然有一个理由，莱布尼茨认为这一理由就是上帝的意志——因为意志的自由行动允许有无法实现的可能事物。但是，上帝的意志也必定有一个理由，因为作为最完满的存在者，上帝意愿那种祂理解为"最好的，即，最和谐的"（A 588）事物存在。

　　莱布尼茨的"和谐"一词究竟是什么意思还有待考察。他在《论至高无上者》中将其定义为"复多性中的某种简单性"（A 588）。这与他以前的说法相一致：比如，和谐是"差异性得到了同一性的补偿"[73]，或，它是"多中的一"[74]。然而，这些说法都有点含糊；莱布尼茨在《论至高无上者》（A 472，

11 February 1676）中也有更确切的说法，即事物和谐的原则是"存在着尽可能多的本质"**75**。即使这样也不是多么精确；要得到一个确切的答案，我们必须去看一下 1675 年 12 月完成的另一篇文章（A 466），莱布尼茨在文中指出，说上帝的杰作是和谐的，就相当于说"最有智慧者往往会选择最简单的方法来达到最大的效果"。同一段话还指出了上帝为什么要这样选择；那是因为至高无上的智慧是祂的完满性之一（参见本卷原文引言第 3 节第 21 页）。这种形式的和谐原则似乎最早出现在《论至高无上者》中，但决不是它所特有的；莱布尼茨后来仍然持这种观点，即上帝"用……最少的花费……产生最大的效果"**76**。

5. 物质事物：一种现象论的分析

这篇引言其余部分的主要任务是阐述莱布尼茨在《论至高无上者》中如何运用刚刚讨论的原则（以及其他一些原则）来论证关于上帝所创造的世界的本性的命题。然而，我们首先必须考虑的是莱布尼茨认为存在一个上帝之外的事物意义上的世界的理由。《论至高无上者》中的一篇日期标注为 1676 年 4 月 15 日的文章在这里尤为重要。本文列出的第一个"原初真理"为我们提供了一个起点，而我们在第 2 节（本卷原文引言第 14 页及以下）已经提到了它，即命题"我拥有这样那样的显象"（A 508）。包含这一断言的那段话值得仔细分析。

虽然笛卡尔在这段话后半部分受到了批判，但莱布尼茨却与他达成了默契，即我们不能声称对物质事物的存在和本性有直接的感官给定的知识。感官提供给我们的直接知识不是关于事物的，而是关于事物的显象的。这就是为什么莱布尼茨说其中一种原初真理是他"拥有"这样那样的显象，为什么他（在1675 年写给傅歇的一封信中）说"我们的"显象（A II.1, 248; GP I, 372）——也就是说，属于我们的显象。莱布尼茨还谈到了对显象的知觉，而不是对显象的拥有，显然他并没有区分这两者。**77** 接着他又说，从他对显象的知觉可知，他自身存在——当然，笛卡尔已经对这一论点进行了论证。因此，莱布尼茨可以说，他证明了除上帝之外还有其他事物，即作为知觉者，或者更笼统地讲，作为能思物的他自身。

[xxviii]

现在的问题是，我们是否知道物质事物的存在和本性。在所讨论的这一段的第二句中，莱布尼茨说，从我对显象的知觉可知，不仅我存在，而且"各种各样的显象是有原因的，即知觉的多样性是有原因的，这种原因不同于我知觉思想时知觉到其形式的那种东西"。粗略地讲，"各种各样"和"多样性"这两个词指的是莱布尼茨在别处所认为的一种原初真理，以及我们所思考的这一命题，即我们的思想有很大的多样性。第 2 节的开头（本卷原文引言第 14 页及以下）简要提到过，莱布尼茨在 1675 年给傅歇的信（A II.1, 246; GP I, 370）中表达了这一论点，其后他一直秉持这一见解。我们现在关注的是他在 1676 年 4 月 15 日的文章中对这一原初真理的运用。

　　莱布尼茨曾说过（心照不宣地使用了充足理由原则），我所拥有的各种各样的知觉必定有其原因。他也曾说过，这个原因"不同于我知觉思想时知觉到其形式的那种东西"。这一论断的理由可以在 1675 年写给傅歇的信（A II.1, 248; GP I, 372）中被找到。莱布尼茨在信中说道，思想所拥有的多样性不可能来自能思物，因为同一事物不可能是它所发生的变化的原因，因为"如果没有任何东西改变它，那么一切事物都将保持它原来的状态"。（这类似于笛卡尔在《哲学原理》第二章第 37 节中关于惯性原理的阐述。但是，笛卡尔以上帝的不变性为基础论证了这一点，而莱布尼茨很可能又用到了充足理由原则：除非一个事物受到了它自身之外的事物的影响，否则它没有理由改变。）现在的问题是：我们思想的多样性的原因是什么？莱布尼茨在他 1676 年 4 月 15 日的文章后面的一段话的开头（A 511）讨论了这一点。对他来说，一个可能的答案是，有很多这样的因果动因。这些动因就是物质对象，非心灵的实体，它们通过作用于其他物质对象，即感知者的感觉器官和大脑，使感知者产生感觉。在他早期的作品中，莱布尼茨给出了这种理论的一个版本，按照这一版本的说法，上述的物质对象是原子。**78** 然而，就目前而言，物质对象的存在本身就是一个问题，所以莱布尼茨对"我们感觉中的多样性的原因是什么"这 [xxix] 个问题的答案就完全不同了。

　　他一开始就说过，我们确定的只有我们的感知，我们以一致的方式感知，我们在感知中遵守某种规则。但是，既然莱布尼茨刚刚说过（A 510—511）上帝存在的本体论论证基本上站得住脚，那么他就不能说这是我们所确定的一切；他的意思肯定是，只要我们把自己限制在感官证据的范围内，这就是我们所确定的一切。也可能是由于这个原因，在列举我们所确定的东西时，莱布尼茨没有提到之前文章中给出的观点——即我们各种各样的感觉都有一个原因。因为我们知道，这样一个原因不可能是感官给定的。还有一点需要进一步说明，那就是"以一致的方式"感知。当莱布尼茨说（A 511）我们在感知中遵循某种规则时，他可能被认为是在重复他刚才所说的话，即我们以一致的方式感知。然而，从另一篇 1676 年早些时候的论文（A 483）来看，按照他的习惯说法，规则是某种我们有意识地使用的东西，比如，"顺着这条线走，以走出迷宫"。此例中，我们所遵循的规则似乎是那些当我们根据其他感觉来预测某些感觉时所运用的规则。**79** 莱布尼茨现在提出了一个重要的观点（A 511），即所有这一切就是存在（或更确切地说，物质事物的存在）的真正面目。所以他稍后在同一段中才有可能说，梦与清醒时的经验并非必然有某种内在实在的区别；梦只需要在有关感觉的顺序上有所不同。"因此，我们没有理由去问我们之外是否存在着某种形体，或者说是否存在着空间，以及其他类似的东西；因为我们没有充分解释这里涉及的术语。也就是说，除非我们这样说，即我们把任一以一致的方式被知觉到的东西称作'形体'。"

　　莱布尼茨给出了知觉理论的一种版本，即通常所谓的"现象论";根据这一版本,谈论形体就是谈论像我们这样的存在者所拥有的一系列知觉。我们需要注意莱布尼茨版本的知觉理论的两个特殊之处。首先,莱布尼茨强调,他所说的知觉之间的一致性存在于几个人的知觉之间;他说,存在在于"几个人感觉到了同样的东西"(A 511)。他在这里并没有考虑这一点,即我们如何知道除了我们自己之外还有其他有感知的存在者。其次,莱布尼茨并没有特别强调知觉的一致性;正如我们所看到的,他强调了这一事实,即一致的知觉是有原因的。**80** 那么现在问题就来了,这是什么原因呢?莱布尼茨在 1675 年写给傅歇的信(A II.1, 248; GP I, 373)中指出(暗指笛卡尔《第一哲学沉思集》中的论证),可能有某种无形的力量,它们在我们心中产生了这些一致的知觉,但在现实中却没有任何与它们相对应的东西。他暗示说,这种无形的力量不一定是上帝;它可能是一种次要的力量,某种精灵(génie)。因此,莱布尼茨所考虑的假说是一种贝克莱主义的现象论——但在这种现象论中,我们的知觉所显示的秩序不是由上帝创造的(如贝克莱所说),而是由刚刚所描述的那种精灵创造的。莱布尼茨对现象论的批评者做了让步,他说道,我们在发生在我们身上的事情中看到的联系越多,我们就越坚定地认为"我们的显象有其实在性"。但是,他说(借用笛卡尔的说法),这种确定性只是"盖然的",也就是说,对实践目的来说足够了。**81** 他继续说道,在"某人先验地发现了我们所看到的世界的起源,并从本质的基础上对事物为什么是它们所显现的那样做出了回答"(A

[xxx]

31

II.1, 249; GP I, 373）之前，我们的确定性只会是盖然的。不过，他说，我们今生很难指望得到这样的知识。

这种关于我们知觉的原因的看法与 1676 年 4 月 15 日的那篇文章的观点一致。事实上，莱布尼茨在那篇文章中比在他写给傅歇的信中走得更远。在这封信中，现象论的真理性仍然是一个悬而未决的问题；莱布尼茨暗示说，有人可能会给出物质事物存在的有效论证。但是，在本卷的那篇文章中，莱布尼茨毫无保留地为现象论做了辩护。他指出（A 511），物质事物本身与梦没有区别；它们"在美的方面"有所不同（这里的意思也许是，它们在一致性方面有所不同）。他实际上是在说，物质事物和梦由相同的材料构成；它们之间唯一的区别是，在物质事物中，这些材料更加有序。

现在我们要看看这种对现象论的辩护是如何融入莱布尼茨思想史的。现象论似乎在莱布尼茨逗留巴黎期间首次出现在他的哲学中。如果我们想寻求外在的促成因素的话，我们只需看看笛卡尔哲学；莱布尼茨可能也受到了与他在巴黎的老熟人、哲学上的怀疑论者傅歇的谈话的影响。起初，在他 1675 年写给傅歇的信中，莱布尼茨接受了一种可以被称作不情愿的现象论者的立场。莱布尼茨承认了现象论论证的力量，并认为尽管这些论证有可能错了，但对它们的驳斥在性质上是形而上的，可能超出了人类的能力。但在本卷那篇写于 1675 年 12 月的文章中，莱布尼茨对现象论却持相对谨慎的态度。他指出，这种理论无法说明未被感知到的物质事物的存在；感觉（A 464）"不

是事物的存在，因为我们宣称存在着未被感知到的事物"。确 [xxxi]
实，莱布尼茨在同一段中说了这样一句话，即"真实的感觉和
虚假的感觉之间的区别仅仅是真实的感觉是一致的"。而莱布
尼茨只需要描述我们区分真实的感觉和虚假的感觉的方式，但
这决不等于说，谈论一个物质对象就是谈论一系列一致的感
觉。

正如我们看到的那样，这种对现象论的批判态度在 1676
年 4 月中旬被全心全意的接受取代了。在这篇可能写于 1676
年 12 月的文章中，他再次为现象论进行了辩护（尽管篇幅没
那么长）。在这篇文章中，莱布尼茨说道（A 588），"除非我们
理解被感知的事物"，否则"我们对存在没有任何概念"（他的
意思是，正如上下文所表明的那样，偶然事物的存在，也就是
说，上帝之外的事物的存在），随后他又在文章中说道，"如
果没有有感知的事物，那么一切都不会存在"。然而，当他于
1686 年初开始创作《形而上学谈》的时候，他对现象论再次
表现出了审慎的态度，尽管还没有达到完全排斥的程度。在他
后来从原稿中删除的几段话中，他说，形体是否是真正的实
体，因此是否存在非心智实体，这是他在写作时无法解决的问
题。**82** 然而，在他写完《新系统》之后不久，他就宣称，有
一些实体，尽管它们是非物质的，但却并不是像我们这样的思
想实体（*Eclaircissement du nouveau système*, April 1686 [GP IV,
495]）。他对这一点的论证建立在最佳原则的基础上。在回答
1695 年 12 月 12 日的《学者杂志》中的一篇评论文章时，他

33

说道:"有人问我,为什么上帝不满足于创造灵魂所有的思想和'样态',还要创造那些据说灵魂既无法'移动'也无法'认识'的'无用'的形体。"简言之,人们想知道的是莱布尼茨为什么不采取现象论的立场。他继续说道,"答案很简单。上帝意愿有更多的实体而不是更少的实体[即,除了心智实体之外,还应该有非心智实体],祂发现这些'样态'与外部的事物相对应是件好事。"换句话说,莱布尼茨在1675年给傅歇写信时所寻求的那种对现象论的形而上的反驳是由最佳原则提供的。

6. 心灵与物质事物

[xxxii]

成熟时期的莱布尼茨哲学的最显著特征之一是,他认为实体要么就是"实体形式",要么包含"实体形式"。[83] 莱布尼茨从经院哲学那里得来(比如,*Discours de Métaphysique*, 1686, secs. 10—11)的实体形式概念有两个相关的方面。一方面,也就是目的论的方面:实体形式是事物努力的目标,它解释了一个事物的所有变化,不仅包括将要发生的变化,也包括已经发生的变化。[84] 除此之外,实体形式还具有所有的"统一"功能。一物之所以是一物(真实的一物,而不是单纯的集合),就是由于它是一种实体形式或包含一种实体形式。[85] 实体形式这两个方面的关系是,使一物成为一物的是它有一个基本的目标或目的。因此,就像莱布尼茨对这个术语的理解那样,这就是"实体形式"。莱布尼茨进一步指出(这个断言很重要),

所谓的"实体形式"，我们也可以说它是"灵魂"。**86**

　　莱布尼茨在《论至高无上者》中并没有用到"实体形式"这个术语；但我们有理由认为，实体形式概念至少以萌芽的形式存在于这一作品之中。《论至高无上者》中所辩护的这一论点——即每一个物质事物都必定有一个心灵——为我们提供了证据。莱布尼茨为这一论点给出了不止一种论证。其中一种论证就包含在 1676 年 4 月 1 日（比那篇成文于 4 月 15 日的现象论文章早两周）所写的《对个体化原则的沉思》（A 490—491）中。莱布尼茨论证的前提是，结果必定包含原因；他指出，那是因为这两者之间必然有某种联系。接下来，他考虑了一个似乎可以反驳这个观点的例子。假设一个正方形由两个平行四边形构成，另一个完全相似的正方形由两个三角形构成。现在，仅凭对任一正方形的目前状态的了解，我们无法分辨它是由哪一种构成的。然而，莱布尼茨拒绝放弃结果包含其原因的原则，并指出每一个正方形的产生方法必定是可分辨的。正因为如此，两个正方形不可能完全相似。但是，从质料上看，它们完全相似；所以使每一个正方形个体化的东西一定是某种非物质的东西。这种东西就是心灵，它保留了（莱布尼茨的意思可能是，它记住了）它以前的状态所产生的结果。

　　莱布尼茨关于"两个不同的事物……总是不同"的论断（A 491）是这一通常被称作"不可分辨者的同一性"（to Clarke, Paper 4, sec.5, June 1716; GP VII, 372）的论点的早期形式，莱布尼茨用"两个实体彼此完全相似，只是在号数上不同，这种说法是错误的"表述了这一论点（*Discours de Métaphysique*, 1686, sec.9）。《论至高无上者》和《形而上学谈》中关于这一论点给出的论证彼此完全不同。在《论至高无上者》中，莱布尼茨论证的基础是结果必定包含其原因的原则，即他用原因和结果之间"必然有某种联系"这一模糊的断言来辩护的那一原则。但是，在《形而上学谈》以及相关作品中，论证却建立在这一论点之上，即每一个实体都有一个足以使其个体化的完全概念。**87** 这里的问题与其说是不可分辨者的同一性，不如说莱布尼茨的"每一个形体都必须伴随有一个心灵"的观点是他成熟时期的"每一个实体都是一种实体形式或包含一种实体形式"的观点的早期版本。我们有理由这样说。在他后期的哲学中，莱布尼茨主张实体就是实体形式，或包含实体形式，其理由是实体必须同时表现其过去和未来的状态；正如《人类理智新论》序言中的那句著名的话，实体的现在"承载着未来，也承载着过去"。在《论至高无上者》中，莱布尼茨说，如果一个形体的现在状态要包含它过去的状态的话，它必须伴随有一个心灵。他的论证出发点并不是实体"承载着未来"，但我们可以说他的出发点是实体"承载着过去"。

《论至高无上者》还有其他一些论证，它们支持这一论点，即正如莱布尼茨所讲的那样，思想"进入物质的形成"（1676年3月18日的笔记；A 393）。这些论证的独特之处在于它们涉及物质原子的本性。在刚刚引用的那段话中，莱布尼茨似乎认为，没有任何物质可以使一个原子不散开，因此这个任务必

[xxxiii]

须由某种心灵来完成。在另一篇文章（《论事物源于形式》，A 521）中，他认为，每一个聚合体都可以被摧毁，但这些聚合体的要素都是不可毁灭的形体（这些要素不叫"原子"，但它们看起来就像是原子）。莱布尼茨认为，这些要素存在，是"因为它们有心灵"。这里的论点似乎是，只有真正的一物才是不可摧毁的，只有心灵才是真正的一物。在这方面，我们可以注意到，莱布尼茨在 1676 年 4 月 15 日的现象论文章中指出（A 510）只有"真正的存在物或心灵"是真正的一物。这一节的开头提到，成熟时期的莱布尼茨认为，实体要成为真正的一物，就必须是实体形式，或包含实体形式，那么我们认为《论至高无上者》中所讨论的论点是这一论点遥远的前兆，这似乎并不牵强。**88**

　　这一节所讨论的观点与 1676 年 4 月 15 日的文章中所详细阐述的现象论理论仍有待于比较。这篇文章要晚于莱布尼茨那两篇认为"每一个形体都必须伴有一个心灵"的文章，**89** 但没有任何迹象表明莱布尼茨的本意是批评它们。可问题是，[xxxiv] 这些理论实际上是否一致，为了回答这个问题，我们必须首先准确地考虑前面的理论意味着什么。莱布尼茨也没有明确说明形体伴有什么样的心灵。几年前，当他在 1671 年完成的《抽象运动理论》中说形体是"一种瞬间的心灵，也就是说，一种缺乏记忆的心灵"（A VI.2, 266）时，他曾暗示存在低等的心灵。**90** 根据《论至高无上者》的说法，形体伴有的灵魂确实有记忆，但它们没必要也不可能被认为是一种理性的心

37

灵，甚至是与动物的灵魂处于同一等级的灵魂。那么，这些灵魂也就可以被认为是低等的心灵。莱布尼茨的现象论理论中并没有关于这种心灵的暗示；而且，即使它们被允许进入这种理论，它们也不可能具有它们在早期理论中所具有的功能。在那里，它们被假定为形体的统一所必需的东西；而这种观点与莱布尼茨的现象论理论格格不入，因为在现象论理论那里，超自然的精灵被认为是我们知觉一致性的充足理由。我们很难避免得出这样的结论，即莱布尼茨在这个阶段还没有彻底思考他不同的理论。

7. 空间和时间

现在我们来看看莱布尼茨在《论至高无上者》中关于空间和时间的观点。在 1676 年 4 月 15 日的文章中，莱布尼茨提出了一种现象论理论，不仅是关于物质事物的，也是关于空间的。他指出，就像我们没有理由去问我们之外是否存在某种形体一样，我们也没有理由去问空间是否存在——除非（A 511）"我们认为……'空间'是那种使得几个知觉同时彼此协调一致的东西"。有人可能会问，在这种情况下，我们如何区分空间和那种使我们的知觉以我们会说"这是一个物质事物"的方式协调一致的东西——无论它是上帝还是魔鬼。从后面的解释来看，我们似乎应该重视"同时"一词。莱布尼茨似乎在提醒人们注意这样一个事实，即尽管（例如）我可能会相继到达 A、

B、C 三个处所，但我认为这三个处所是同时存在于同一空间的。我之所以这样说，是因为从到达这一组处所中的某一个处所（也就是说，获得某些经验）所花费的时间的信息中，我们可以推断我需要多长时间才能到达同一组处所中的其他处所（也就是说，获得某些其他的经验）。

莱布尼茨早前在 1669 年夏至 1670 年初的草稿形式的文章《论运动的原因》（A VI.2, 167）中就曾断言空间的各个部分是同时的。同时性概念在他后来认为空间是一种并存秩序（参见，比如，To Charke, Paper 3, February 1716, sec. 4; Paper 5, August 1716, secs. 29, 47, 104）的观点中也起着重要的作用。莱布尼茨在 1676 年 4 月 15 日的文章中所陈述的观点的独特之处在于他对空间的各个部分是同时的——即人们能够从一种感觉推断出另一种感觉——这一断言的基础的论述。 [xxxv]

在这篇文章中，莱布尼茨还指出了这一点（预示着 20 世纪关于空间和时间的讨论[91]），即"无限多的其他空间和其他世界可能以与我们的空间和世界之间没有距离的方式存在"。因为这样说也就相当于说可能存在着"其他事物也会在其中显现但却与我们的心灵完全不同的某些特定的心灵"（A 511）。莱布尼茨用其他可能空间的观念，是为了证明空间不同于上帝，他指出尽管可能有几个空间，但只有（也许他应该说，可能只有）一个上帝（A 512）。尽管上帝不是一个空间或多个空间，但莱布尼茨认为（ibid.）上帝平等地存在于所有空间和所有世界。这是由于上帝的那种完满性，即莱布尼茨所谓的"immensitas", 在这里可以被翻译为"不可测量性"。[92] 莱布尼茨称上帝是"不可测量的",意思是说祂无处不在,并具有"一种当在某处存在或当下存在被赋予事物时可以在事物中找到的完满性"[93]。莱布尼茨并没有解释,上帝"存在于"一个仅仅是现象的世界(由他的论证可得)是什么意思。而他也许会说,谈论上帝的不可测量性也就是谈论上帝的某种力量,即创造和保存那些拥有以某种方式协调一致的知觉的心灵的那种力量。

在《论至高无上者》的其他文章中,莱布尼茨对空间与上帝的不可测量性的关系有更多的论述。在上一节所引证的大约成文于 1676 年 4 月的文章《论事物源于形式》中,他把他所谓的"绝对广延"(A 519),即没有任何限定的广延,当成了原初的东西。他似乎认为绝对广延就是不可测量性,因此是上帝的完满性之一。[94] 他说,绝对广延是空间的基础;它与空间的不同之处在于空间可以被分割成若干部分,并且是可改变的,而绝对空间是不可分割的,是不可改变的,因为它是整个变化过程中保持不变的东西(ibid.)。[95] 莱布尼茨现在必须解释绝对广延,或不可测量性,是如何成为空间的基础的,这样一来,他的空间概念就变复杂了。莱布尼茨的观点是,虽然不可测量者不可改变,但它可以通过增加物质团块或质量(moles sive massa)而产生样态,从而产生空间、处所[96]和间隔。所有这些东西的聚合体构成了莱布尼茨所谓的"宇宙空间",他宣称宇宙空间是一个"聚合而成的存在物",也就是说,一种不存在于它的组成部分之外的东西。宇宙空间随着构成它的空

[xxxvi]

间的变化而不断变化。**97**

　　空间是不断变化的，这一观点有些自相矛盾；有人会期望莱布尼茨说，不是空间改变了，而是事物在一个不变的空间中改变了它们的位置。但这确实是莱布尼茨在他来巴黎前于1671 年下半年所写的一篇《论有形事物的本性》（A VI.2, 305）的文章中提出的观点。尽管有些自相矛盾，但来自《论至高无上者》的这段话非常有趣，因为我们可以看到它包含着他在写给克拉克的第五封信的第 47 节（GP VII, 400—402）中给出的那段著名的关于空间本性的论述的萌芽。在那封信中，莱布尼茨在解释空间概念时，首先解释了处所概念，然后宣称空间就是"把这些处所放在一起所得的东西"。同样，莱布尼茨在他早期的文章中也从特定的空间、处所和间隔开始，从这些概念得出了宇宙空间概念。

　　刚刚所讨论的，用传统语言来说，可以被称作对空间本质的说明。莱布尼茨在《论至高无上者》中也提到了空间的某些性质，比如，它的无限性和它的连续性。在这一时期末的一篇文章（A 585）中，莱布尼茨就空间的无限性进行了论证。这个论证涉及充足理由原则，并断言，无论我们假设空间有多大，都没有理由不让它变得更大。**98** 在这篇文章前面的段落中，莱布尼茨提到了上帝的创造性，那么在当前的语境下，我们就会很自然地认为，他的意思是，上帝没有理由通过创造一个有限的空间来限制祂的创造性。在他生命的最后阶段，他同样将沿着类似的思路进行论证：不是空间，而是物质必须是无限的，因为没有任何理由可以限制它的量（To Clarke, Paper 4, June 1716, sec. 21；参看 Paper 5, August 1716, secs. 30, 73）。

前面提到的空间的另一种性质是它的连续性。在他的一生中，莱布尼茨经常讨论一个他称之为"连续体的迷宫"[根据利贝尔·弗洛蒙（Liber Froimont, 或"Fromondus"）于 1631 年出版的一本书的标题而来] 的问题。正如莱布尼茨在《神正论》的前言中所指出的那样，这个问题包括"对连续性以及那些似乎是其要素的不可分的点的讨论"，还牵涉"对无限的思考"（GP VI, 29）。在《论至高无上者》中，莱布尼茨提到这个问题需要精确的调查（A 475, 11 February 1676），但他没有在

本卷的文章中给出解决方案，而只是陈述了一些初步的观点。在刚刚提到的文章中，他在讨论物质的本性时断言，空间是一个连续体。他说（A 473），物质本身可以通过没有连续性的复多来解释，这表明了物质和空间之间的区别。**99** 早在 1675 年 12 月，莱布尼茨就论证了这样一个论点，即空间不是由离散的部分组成的。他的论证建立在矛盾原则的基础上。莱布尼茨指出（A 469），如果空间中有最小的部分，那么对角线上的最小部分就会和边线上的最小部分一样多，但这是荒谬的。因此，空间是连续的；但是，莱布尼茨在《论至高无上者》中并没有问，用《神正论》的话来说，连续性是如何与"那些似乎是其要素的不可分的点"联系起来的。**100**

现在我们来谈谈莱布尼茨在《论至高无上者》中对时间的看法。我们主要感兴趣的是他关于时间、绵延和永恒之间

关系的论述。正如莱布尼茨将空间与上帝的不可测量性联系在了一起，他也将时间与上帝的另一种完满性——即永恒——联系在了一起。在 1676 年 3 月 18 日的一些笔记中，他指出（A 391），"空间中神圣和永恒的东西就是上帝的不可测量性……时间中神圣的东西就是永恒"。不久之后（A 520），在大约完成于 1676 年 4 月的文章中，他又指出，上帝"绝对持续存在，即永恒"。我们会注意到，在这些文章中，永恒与时间和绵延都相关。莱布尼茨在一篇大约写于 1676 年初的关于积量的文章（A 484）中解释了时间与绵延的区别，他在文章中指出，"时间是某种连续的东西，我们根据它来说某种东西持续存在"。所以，例如，一天就不是绵延；因为我们说，蜉蝣[101]只持续存在一天的时间。在他后来的作品中，也可以发现类似的区别：比如，在《斐拉莱特与阿里斯特的对话》（*Entretien de Philarète et d'Ariste*, 1712—1715）[102] 中，莱布尼茨说道（GP VI, 584）："绵延与广延是事物的属性，但时间和空间却被认为是处于事物之外的，用来度量事物的东西。"[103]

　　莱布尼茨关于时间或绵延与永恒之间关系的看法，由于"永恒"一词的模棱两可而变复杂了——他很清楚这种模棱两可。[104] 莱布尼茨在上一段提到的关于积量的文章（A 484, early？1676）中指出，如果我们把永恒设想为与时间同质的东西，那么它将是无限的时间，而如果我们把它设想为某种永恒的事物的属性，那么它将是穿越无限时间的绵延。但是，莱布尼茨继续说道，还有一种更好的用来设想永恒的方式，它能给出永恒"真正的本源和内在的本性"。在前面提到的 1676 年 3 月 18 日的笔记（A 392）的一段话中，莱布尼茨明确地指出，当他说"时间中神圣的东西就是永恒"时，所谓的永恒，他指的是"存在的必然性"。[105] 但他并没有始终如一地坚持这种用法；比如说，他在另一篇文章（A 520）中又谈到，上帝"绝对持续存在，即永恒"，这表明永恒的概念就是永远持续下去。

可以肯定的是，莱布尼茨认为，不管无限的时间是否可以被恰当地称作"永恒"，把时间说成是无限的并无不当。1676 年 12 月 12 日的文章清楚地说明了这一点，莱布尼茨在文中指出（A 584），时间的无限性，就像空间的无限性一样，需要一个完美的推证。我不能说这篇文章提供了这样一种证明，也不能说它确实打算提供这样一种证明。莱布尼茨确实说过，断言有一段时间没有事物，这毫无意义，因为没有办法确定那段时间的量。这是莱布尼茨成熟时期的"没有绝对时间"这一观点的一个有趣的预兆。（To Clarke, Paper 3, February 1716, sec. 6; Paper 4, June 1716, sec. 15）

莱布尼茨论证说，就像空间没有最小部分一样，时间也没有最小部分，他的理由是，如果假设这样的部分，就会产生矛盾（A 469, December 1675）。然而，他似乎暗示说，瞬间概念没有矛盾，[106] 就像时间概念没有矛盾一样（ibid.）。莱布尼茨在《论至高无上者》中并没有充分解释什么是一瞬间，只是说，任一瞬间与它最接近的后一瞬间或前一瞬间[107]之间没有间隔，在这方面，时间与直线不同（A 584, 12 December 1676）。但必须指出的是，他在《论至高无上者》中对这一主题的思考根本就不一致。在 1675 年 12 月的文章的结尾，他似乎认为瞬间概念并不自相矛盾，他说，在一个处所也就是经过一个处所，"因为每个形体没有一瞬间不在移动"。这表明瞬间就是时间的最小的部分。

8. 原子和实无限

连续体的迷宫的问题涉及，用《神正论》中的话来说，连续性"以及那些似乎是其要素的不可分的点"（GP VI, 29；引自本卷原文引言第 7 节第 37 页）。莱布尼茨面临的问题不只包括是否存在不可分割的空间和时间，还包括是否存在任何不可分割的物质单元——换句话说，是否存在任何物质原子。成熟时期的莱布尼茨坚信"实无限"，也就是说（正如他在 1693 年写给傅歇的信中所说的那样），"物质的任何一部分，不只是可分割，而是实际上都要被分割，因此最小的粒子必须被看作是一个充满无限的不同受造物的世界"。就此而论，再分割的过程不可能在任何原子那里停止，也不可能在任何物质的微小部分那里停止。莱布尼茨并不总是持这种见解。在《新系统》的一个著名的段落中，他谈到了自己的早期哲学，他说，"起初，我一摆脱亚里士多德的羁绊，就相信了虚空和原子，因为这能最好地满足想象。但自从经过深思熟虑而回过头来之后，我感

[xxxix]

45

到要仅仅在物质或纯粹被动的东西里面找到**真正统一性的原则**是不可能的"(GP IV, 478)。现在的问题是，在《论至高无上者》所涵盖的这段时期，他对这些主题持何种看法。**108**

答案是，这些主题似乎一直处于一种混乱的状态。我在第6节（本卷原文引言第33页）曾指出过，1676年3月和4月，莱布尼茨从假定原子存在的观点出发论证说，心灵存在于有形事物之中（A 393, 521）。莱布尼茨在另一篇写于1676年初的文章（A 524—525）中也主张原子的存在，直到1676年12月12日，他还在说（A 585）原子的存在是可推证的。然而，甚至是在他逗留巴黎之前，他就已经在一篇题为《论原初物质》（*De Materia Prima*, 1670—1671?）的文章中指出，存在着一种实无限，并不存在原子（A VI.2, 280）。同样的观点也出现在了《论至高无上者》的最后部分。所以，在《帕西迪乌斯与爱真理者的对话》（1676年9月29日—10月10日）中，莱布尼茨说（A 565—566），形体实际上都要被无限再分割，因此不存在原子。在《论至高无上者》中，也就是在1676年12月的笔记（A 400）中，莱布尼茨也提到了实无限。

还有一个更复杂的问题。莱布尼茨在《新系统》中说明了他早期的观点，他说他"相信了虚空和原子"，而事实上，相信真空通常是原子理论的一部分。莱布尼茨在《论至高无上者》前面的文章中论证说真空存在，他认为（A 466, December 1675），并不存在充满所有空间的理想流体，因此，空间就是真空。然而，在《论至高无上者》后面的文章中，他却论证说原子与充实空间都存在——事实上，他根据充实空间的存在论证了原子的存在（A 524—525, early？1676; A 585, 12 December 1676）。**109**

面对这种混乱的状态，我们最好是从《论至高无上者》中拣选那些支持成熟时期莱布尼茨的观点的论证：也就是说，那些支持这一论点的论证，即存在着一种实无限（因此不存在原子），不存在真空，相反，所有的事物构成了一个充实空间。在《论至高无上者》中论证这些结论时，莱布尼茨既用到了和谐原则，也用到了充足理由原则。他通过前者确立了实无限的 [xl] 存在，用他的话来说就是，"物质的任何一个部分，无论多么微小，都包含着无限多的受造物"（A 474, 11 February 1676）。莱布尼茨说（ibid.），这种状况"增加了实存物的复多性和事物的和谐"。**110** 他还通过和谐原则确立了刚刚引用的文章（A 473）和之前 1675 年 12 月的文章（A 467）所提到的论点，即宇宙是一个充实空间。莱布尼茨还在充足理由原则的基础上对宇宙充盈进行了论证。这种论证包含在 1676 年 12 月 12 日的文章中，它类似于同一篇文章中关于空间的无限性的论证（参见本卷原文引言第 7 节第 36 页）。莱布尼茨说，不存在真空，因为没有理由不把所有的东西都填满。**111**

在他后期的作品中，莱布尼茨以同样的方式对这些论点进行了辩护。在他 1716 年 6 月写给克拉克的第四封信的附笔（GP VII, 377—378）中，莱布尼茨指出，实无限源自上帝的完满性。实际上，他的论证是基于和谐原则；莱布尼茨的推理是这样的，即上帝所能赋予事物的任何完满性，在不贬损事物中的其他完满性的情况下，都已经被赋予了事物。因此，不存在不被再分割的微粒。**112** 同样的论据也被用在了反驳真空的存在上，莱布尼茨指出（*Specimen Inventorum*, 1686—1695, GP VII, 315），真空与事物的完满性相抵触。**113** 正如莱布尼茨在《论至高无上者》中所做的那样，他在反驳真空存在上也把充足理由原则当成了一种论据（to Clarke, Paper 4, postscript, GP VII, 378）；不过，在他后来的文章中，他的论证更加复杂，因为他说，不可能有任何原则来决定物质与虚空的比例。莱布尼茨后期的文章对实无限和充实空间做了进一步的论证；**114** 但是，他的推理的主线在《论至高无上者》中就已经被给出了。

9. 自然律则

莱布尼茨的一个不变的目标就是发现并给出关于造物本性的普遍律则的先天证明。《论至高无上者》显示出许多表明这一关切的迹象；此外，这些律则及其论证很大程度上预示着莱布尼茨后期的哲学。可以料想，充足理由原则与和谐原则在这些论证中发挥了作用；但莱布尼茨并不是只用到了这些原则。

（1）这里首先要考虑的律则是，"形式之间没有真空"（A 473, 11 February 1676）。莱布尼茨在他后期的作品中说，这一直是之前哲学家讨论的话题，**115** 毫无疑问，正因为如此，他在《论至高无上者》中没有解释这种说法。然而，从后期的作

[xli]

48

品（比如，*Nouveaux Essais*, 3.6.12）可以清楚地看出，这种说法的意思是（在某种限定条件下）可能的种都存在。这一点与否认空间中存在真空之间的关系是，莱布尼茨在每一种情况下都否认空隙的存在。但在目前的情况下，所否认的空隙并不是物质世界中的洞；相反，莱布尼茨是在说，任何可以促进世界多样性的东西都没有被漏掉。在《论至高无上者》中，莱布尼茨说，这一点可以由和谐原则推知；同样，在《人类理智新论》（*Nouveaux Essais*, 3.6.12）中，莱布尼茨也宣称，"宇宙中存在着其完美和谐所能承认的一切事物"。上述提到的限定条件是（A 581, 12 December 1676；另参见 *Nouveaux Essais*, 3.6.12，以及本卷原文引言第 4 节第 26 页），莱布尼茨并不接受所有可能的事物都绝对存在的观点；因此，我们必须假定他的意思是，在最好的可能世界里，存在着一切"可共存的"种。在他后期的作品中，莱布尼茨经常诉诸于"不存在形式的真空"来支持他的观点（与他所认为的笛卡尔的观点相反），即低等动物有知觉和感觉。[116] 但是，《论至高无上者》中没有任何关于这种论证的暗示。

（2）我们所关注的第二个律则包含在那篇写于 1676 年 4 月的关于简单形式的文章中；莱布尼茨在此将其表述为（A 523）："万物在某种意义上都被包含在了万物之中。"他为此辩护的依据是他稍后将会给出的一个论点，即并没有纯粹外在的、在所命名的事物中没有其基础的名称。[117] 在 1676 年 4 月的文章中，莱布尼茨一上来就给出了一个特定的例子。借用当时他正在研究的柏拉图的《泰阿泰德篇》，[118] 他指出，"如果一个人因为成长而变得比我高了，那么我也会发生一些变化，因为我们的名称发生了变化"。然后，他接着说道，"万物在某种意义上都被包含在了万物之中"。

这需要仔细考虑。首先，从莱布尼茨的论证可以清楚地看出，当他说万物"在某种意义上"都被包含在了万物之中时，他的意思最起码是，无论何时，任何事物发生了变化，我也会发生相应的变化，而无论何时，我发生了变化，其他所有事物也都会发生相应的变化。问题是，这是不是他在这里的全部意思。后来，莱布尼茨将论证说，不仅苏格拉底在泰阿泰德变化时也会发生变化，而且泰阿泰德的所有变化，甚至整个宇宙的所有变化，都可以从关于苏格拉底本性的完整的知识中推演出来——这是每一种实体都"表现"整个宇宙这一论点的一种形式（比如，remarks on a letter of Arnauld, May 1686, GP II, 41）。但我们不确定莱布尼茨在我们刚刚提到的 1676 年 4 月的文章中是否也能走到这一步。不过，莱布尼茨在《论至高无上者》所涵盖的时期结束前（1676 年 12 月）所写的文章中陈述了他后来关于"任一个体都表现整个宇宙"的看法。他写道（A 400）："一个实体，或一个完全的存在者，就是那种其本身包含了所有事物的东西，或者说，就是那种为了达到对它的完满的理解而不需要对任何其他事物的理解的东西。"这段话非常重要，它预示着 1686 年的《形而上学谈》以及与之相关的作品。我想在这里补充的是，在这些作品中，莱布尼茨认为"没

[xlii]

有纯粹外在的名称"这一命题是可以被证明的，**119** 但是，《论至高无上者》中却没有任何这方面的暗示。

（3）《论至高无上者》中提到的另一个律则是命题"整体的结果（effectus integer）与完整的原因（causa plena）等价"（A 584, 12 December 1676）。莱布尼茨在他后来的作品中经常提到的这一律则 **120** 同样在《论至高无上者》时期的其他文章中也得到了阐述。例如，在一篇可能完成于 1674 年夏至 1676 年秋的关于"三个原初公理"的文章中，莱布尼茨说（A 427）："整体的结果与其原因等价"。再就是，在 1676 年夏的那篇题为《论神秘的运动》（*De arcanis motus*, H.-J. Hess, ed., *Studia Leibnitiana Supplementa* 17〔1978〕, 203）的科学论文中，莱布尼茨指出，"在机械学中，一切都依赖于完整的原因与整体的结果之间的对等"，"机械学的原初公理是，完整的原因的力量与整体的结果的力量相等"。

莱布尼茨在 1676 年 12 月 12 日的文章中并没有清楚地解释如何去证明这一命题，而只是含糊地说，"因为原因和结果之间必定存在着由此及彼的相等"，而衡量这种相等的唯一量度就是他所说的那种对等（A 584）。不过，上一段提到的他早前的论文《论神秘的运动》还是让我们对他的意思有了一定的了解。在这篇论文中，莱布尼茨就这一命题给出了证明；或更确切地说，他给出了部分的证明，因为他说完整的证明将涉及形而上学。他一上来就说道，从某种给定的完整的原因出发必然会产生某种整体的结果；因此，某种完整的原因是一切相关事物——即那些其活动促成了结果的事物——同时具有的状态。同样，某种整体的结果就是一切相关事物在稍后某一时刻的状态，这种状态在逻辑上（est consecutus）**121** 紧随之前的状态。既然原因和结果必然联系在一起，那么这种联系就可以被推证；因为一切必然命题都是可推证的。但由于推证是通过分析同一性命题来进行的，**122** 所以，如果我们能够对原因和结果进行完美的分析，那么原因和结果最终必定同一。既然一种结果必然来自于另一种结果，那么同一性必定永远保持下去。进一步说，同一性只能存在于一致的方面，而这种一致在于原因和结果都有某种力量，也就是说，一种产生另一个结果的能力。它们之间的区别仅仅在于应用和情形的不同，"就像同一条线，不管它怎样弯曲，它总是保持同样的长度"。人们不禁要问，按照莱布尼茨的说法，到底哪些形而上的考虑是完成证明所必需的。莱布尼茨没有给出任何答案；不过，值得注意的是，对于整个证明所依赖的命题，即从某种给定的完整的原因出发必然会产生某种整体的结果，莱布尼茨并没有给出任何证明。

（4）命题"完整的原因与整体的结果等价"显然是一个守恒定律，事实上，莱布尼茨在《神正论》（sec. 346, GP VI, 319）中提出了"这一假设，即结果在力的方面始终等于其原因，或者也可以说，同一力始终守恒"。在《论至高无上者》中，莱布尼茨提到了一种守恒定律，而它来源于一种与因果对等原则不同的原则。在 1675 年 12 月的文章（A 467—468）中，莱

[xliii]

布尼茨论证说，运动的量是守恒的，这可以从事物的充盈得到证明。他认为充盈来自事物的和谐，或至少与事物的和谐相一致，所以他可以说，假定运动有所损失，也就是假定事物整体的和谐被打乱了。**123**

在他后期的作品中，莱布尼茨一再批判笛卡尔，就因为他说（*Principia Philosophiae*, II, 36）运动的量是守恒的。莱布尼茨认为，守恒的不是运动的量，即质量和速度的乘积，而是力的量，即质量与速度的平方的乘积。那么问题就来了，我们是否可以在《论至高无上者》中找到这一力的概念。1686 年 3 月，莱布尼茨在他的《关于笛卡尔和其他人在自然律则方面的显著错误的简短证明》（*Brevis Demonstratio erroris memorabilis Cartesii et aliorum circa legem naturae*, GM VI, 117—119）中首次发表了他的力的守恒定律，但在此之前的许多未发表的论文中也提到了这一定律。**124** 莱布尼茨在《论至高无上者》的一篇文章中说过，"力总是保持不变"，他认为力没有理由增加。不过，学者们已经证实，莱布尼茨在一篇 1678 年 1 月和 2 月完成的题为《论形体的碰撞》的文章中首次用到了他的力的新概念。**125** 因此，莱布尼茨在《论至高无上者》中所说的力的守恒必须以其他方式来理解。它可能只是对"完整的原因与整体的结果等价"这一观点的重申，也可能是 1675 年 12 月那篇文章（A 467—468）中的说法的另一种表述。

[xliv]

10. 人类的心灵及其与上帝的关系

《论至高无上者》中所提到的其中一个原初真理是"我拥有这样那样的显象"（A 508；参看本卷原文引言第 14 页）。莱布尼茨宣称，由此可以直接推知我存在。他并没有明确说，我们所知道的存在着的"我"是一种能思物；不过，下述事实蕴含着这一点，即所讨论的这段话接着说，"我思"必须首先出现在哲思的次序中。但什么是能思物，也就是说，什么是心灵？为什么心灵应该存在？这一节将讨论莱布尼茨对这些问题的回答。假设我们对谈论心灵的意义有一个大致的了解，我们就会首先考虑莱布尼茨对"为什么会有心灵"这一问题的回答，然后我们会问这到底意味着什么。

之前我们注意到了莱布尼茨宣称上帝是一种心灵（本卷原文引言第 3 节第 21 页），我们还注意到了莱布尼茨对"为什么有上帝"这一问题的回答。简单讲，答案是，上帝是一个必然存在者，也就是说，祂存在的理由就包含在祂自身之中。但为什么除了上帝之外还应该有心灵呢？莱布尼茨的答案是（A 512），心灵是上帝创造的；更准确地说，它们"通过上帝的意志，也就是说，通过一个善的理智的意志"而存在。可能有人希望莱布尼茨说，心灵存在仅仅是因为它们的存在增加了事物的多样性，但事实上，他却是从心灵所具有的某种特征——即心灵是世界的一面镜子——出发对心灵存在进行了论证。他指出（A 474; 11 February 1676），心灵存在"仅仅是因为至高无上者断定，在某个地方存在着某种有理解力的东西或者说某种理智的镜子或世界的摹本是和谐的"。这样一种事态是和谐的，因为（A 523）知觉会"使事物的多样性无限倍增"。

　　但是，根据莱布尼茨的观点，什么是心灵？更具体讲，什么是人类的心灵？我们可以从心灵的否定特征开始，即心灵不是形体。人类的心灵是一种能思物，**126** 思想和物质之间有着根本的区别。首先，思想不像广延物那样有形状和运动（A 464）。**127** 其次，莱布尼茨注意到了现在所谓的思想的"意向"性。他在一篇关于形式的文章（A 513）中指出，思想既有主 [xlv]体也有客体，而广延只有主体。莱布尼茨的意思是，我们既可以说能思物，也可以说广延物（也就是说，思想和广延都有主体），但只有思想有对象，因为它是关于某物的。

　　思想的"意向"性在莱布尼茨关于观念的论述中得到了体现。在讨论（本卷原文引言第 18 页）莱布尼茨坚持认为我们必须证明我们确实有上帝的观念——也就是说，上帝有可能存在——的过程中，我们已经注意到了莱布尼茨对"观念"一词的使用。就此而言，有 X 的观念也就是有一个自洽的 X 的概念。但莱布尼茨还说（A 518, 521），观念是关于对象的思想的种差。在这种情况下，问题的关键不是概念的自洽；毋宁说，莱布尼茨对观念做了分类，他认为它们构成了思想属的一个种，而将它们与其他思想区别开来的是，观念是关于某物的。因此，严格来讲，正是由于观念的存在，思想有了对象。

因此，心灵不是形体；那它们是什么呢？假如莱布尼茨在《论至高无上者》中对心灵的本性做了系统的论述，他可能会首先说心灵是一种无形的实体。的确，他在巴黎逗留之初写了一篇题为《无形实体的推证》（*Demonstratio substantiarum incorporearum*; A 73–93, autumn？1672）的文章。莱布尼茨在《论至高无上者》中并没有明确说，心灵是实体，但他的这种说法，即唯一真正的存在物是心灵（A 510，引自本卷原文引言第 33 页），暗示了这一点。因此，心灵的活动就是实体的活动。至于这些活动，我们知道，心灵能够思想，并且它有观念；从莱布尼茨对物质事物的本性的现象论分析中，我们还知道，心灵能够知觉（A 508；参见本卷原文引言第 27 页）。值得注意的是，当莱布尼茨谈到知觉时，他并不总是指心灵对物质事物的知觉，他还指心灵知觉自身（A 509, 15 April 1676）。在 1676 年 12 月的一篇文章（A 587）中，他甚至说，去思想就是去感知自身。在同一篇文章中，莱布尼茨说（ibid.），去思想就是去作用于自身。这是他逗留巴黎之前所持的观点（A VI.2, 283, early 1671–autumn 1671：去思想就是去改变自身），而这一观点的意义或许可以通过《论至高无上者》中另一篇大概写于 1676 年 2 月的文章得到最好的解释。在这篇文章中，莱布尼茨说（A 480），我们的行为不像简单的机器，而是出于反思——也就是说，我们作用于我们自身。所以，当他说去思想就是去作用于自身时，莱布尼茨在提请人们注意这一事实，即去思想就是去反思。**128** 纵观他的一生，他始终强调反思或注意，并且喜欢引用一些谚语，如，"说说你为何身在此地"（Dic cur hic），"留心一下后果"（Respice finem），以及"想想你在做什么"（Vide quod agas）。**129**

莱布尼茨说，尽管我们的知觉是我们的心灵的工作，但它们不能仅仅通过对心灵的考虑来解释。他说，我们的心灵被附加到了物质上，如果没有物质，它将无法知觉（A 518）。他一直都持这种观点；例如，在晚年写的一篇文章（*Metaphysical Consequences of the Principle of Reason*, 1712?, C 16）中，他说："灵魂总是被赋予一个有机的形体，这样它就可以通过这个形体以一种有序的方式来表象其他外在的事物。"**130** 毫无疑问，莱布尼茨面临着解释形体如何作用于心灵，以及心灵如何作用于形体的问题；但他在《论至高无上者》中对此只谈到了这一点（A 518），即"奇妙的是，物质和精神的本性是如何使某些倾向（他的意思肯定是，某些物质倾向）在我们的心灵中产生了一种所谓的光的感觉，或红色的感觉，以及其他的感觉的"。

莱布尼茨成熟时期最引人注目的形而上学学说之一是他的这种观点，即每一个实体都能知觉到整个宇宙发生的一切。**131** 莱布尼茨在《论至高无上者》中并没有提到这一点，但他确实说过，每一个心灵"都能同时知觉到世界上发生的一切"（early? 1676, A 524）。**132** 他的论证基于他的这一论点，即宇宙是一个充实空间，而他的论证是这样的（A 524；参看 Hobbes, *De Corpore*, III, 15, 7），任何形体中所发生的一切都必定传递给感知者的形体（显然，这里假定感知者形体状态的改变将伴有一种知觉）。莱布尼茨在大约写于 1689 年的文章《原初真理》中也有类似的对充盈原则的运用，他在文中论证说（C 521），每一个被造实体都作用于其他所有实体，也被其他所有实体所作用。他的论证是，一个形体的任何变化都会传递给所有其他形体，就像"在一个充满液体的容器（整个宇宙就是这样一个容器）中，在中间产生的运动会传播到边缘"。不过，他并没有从这一点出发继续论证说，每一种实体都能知觉到整个宇宙；而事实上，在他成熟时期的作品中，这一命题以一种不同的方式得到了辩护，即以一种作为说明"每一种实体都'表现'整个宇宙"这一论点的方式得到了辩护。**133**

有人可能会反对莱布尼茨说，每一个心灵都能同时知觉到整个世界上发生的一切，这显然是错误的。莱布尼茨可能会回答说（A 524），心灵只拥有一种"混乱的"全知。而当他在说到每一个心灵都能同时知觉到世界上发生的一切之后继续说"这些对无限的同时发生的不同事物的混乱知觉产生了我们对颜色、味道和触摸的感觉"时，他解释了这句话的意思。他的论证是这样的，即每一个感觉都是无限知觉的聚合。他指出，尤其是当对（比如）一种颜色的感觉需要一段时间时，情况更是如此；因为"时间是无限可分的，况且可以肯定的是，灵魂在任一瞬间都能知觉到各种各样的事物，但它却是从所有这些无限多的混为一体的知觉中产生了对可感事物的知觉"。从这里可以看出，当莱布尼茨说我们的感觉是混乱的时候，他的意思是我们没有注意到我们在任何时间知觉到的无限事物中的每

[xlvii]

一个单独的事物。莱布尼茨自始至终都持这些观点。灵魂是全知的，但以一种混乱的方式，这一观点可以在《自然与恩典的原则》（*Principes de la Nature et de la Grâce*, 1714）第 13 节中被找到，莱布尼茨在文中说道，"每一个灵魂都知晓无限，都知晓一切事物，不过是以混乱的方式知晓"。感觉是混乱的知觉，这一观点在《形而上学谈》第 33 节中得到了明确的表述，莱布尼茨在文中说道，"虽然我们的感官与一切事物有关，但我们的灵魂却不可能专注于一切事物。因此我们的混乱的感觉是绝对无限的知觉多样性的结果"——就像大海混乱的低吟"来自无数海浪的余波的堆积"。**134**

《论至高无上者》还就心灵的不朽给出了论证。莱布尼茨在他最早的作品之一《自然对无神论者的告白》（A VI,1, 492—493; GP IV, 109—110）中就已经对这个结论进行了论证。他的论证的前提是这一命题，即心灵不在空间中。由此，莱布尼茨推断，心灵是不可移动的，因为运动就是空间的变化；而凡是不可移动的，都是不能分解的，因此也就不会腐朽。《论至高无上者》中给出的论证与此不同。在 1676 年 4 月 15 日的文章中，莱布尼茨的论证开始于这样一个前提，即一个形体里出现的每一种印象都有某种延续至无穷远的影响。他并没有说为什么会这样，但他可以诉诸他的这一论点，也就是当他论证宇宙中任何形体的活动的影响都会传递给感知者的形体时他所运用的论点，即宇宙是一个充实空间（参看 A524，本节前面引用过）。**135** 然后他论证道，说活动而非知觉的影响会永远持续下去，否认感觉的影响，这是荒谬的。这很难令人信服；他或许可以这样回答：（比如）我的知觉的影响可能在其他人的知觉中被找到，所以即使我的知觉不复存在了，这种影响也会继续存在。也许莱布尼茨对这一论证不太满意；的确，它似乎没有出现在他后期的作品中。另一种似乎也是《论至高无上者》所特有的关于心灵不朽的论证可以在 1676 年 12 月 12 日的文章（A 581）中被找到。在这里，莱布尼茨实际上是在诉诸和谐原则，他把"凡是可以存在并与其他东西可共存的东西都存在"这一命题（A 582）当成了一个原则。而心灵不朽本身是可能的，并且与其他东西可共存，因此，心灵是不朽的。当说到心灵不朽"与其他一切事物可共存"时，莱布尼茨的意思似乎是，心灵不朽与物质事物的存在和本性可共存；因为他接着说道，心灵"没有体积"。

[xlviii]

我们接下来要讨论的是《论至高无上者》对心灵与上帝的关系的阐述；这将增加我们对莱布尼茨的上帝概念的认识。在《形而上学谈》第 35 节中，莱布尼茨就灵魂不朽给出了一个基于上帝本性的论证。他说，我们必须不仅要把上帝看作一切事物的原因，而且还要把上帝看作"所有的人或心智实体的首领，看作是最完满的城邦或共和国的绝对的君主，就像这一由所有心灵共同构成的宇宙的绝对的君主一样"。他的论点是，就像我们会称赞一位宁愿保全一个人的生命而不是他最名贵的动物的生命的人类君主一样，我们不会怀疑，上帝这位最开明、最公正的君主也有同样的观点。莱布尼茨在《论至高无上者》中

60

并没有提出这样的论点，但他在 1676 年 2 月 11 日的文章（A 476）中确实说过，上帝和其他心灵建立了一个共和国，[136] 上帝是这个共和国的国王。因此，他说，世界上任何人都没有必要不快乐；[137] 如果我们有一种善良的意志——而上帝的恩典就在于赋予我们以意志 [138]——那么快乐就在我们掌控之中。这表明，在《论至高无上者》中，莱布尼茨不仅关注关于宇宙本性的真理的确立，还关注神正论问题，即上帝的正义的问题（他一生都在关注这个问题）。

　　莱布尼茨在我们刚刚提到的 1676 年 2 月 11 日的文章中更多地谈到了上帝的本性。他的论述来源于他对上帝恩典的讨论，虽然这只是他顺便讲到的，但却非常重要。莱布尼茨指出（A 477），没有必要用神迹来解释上帝的恩典。到底为什么需要神迹来达到这一目的，这一点并不清楚，而莱布尼茨有可能认为，（比如）圣经中的先知所行的神迹可能是神特别眷顾先知的迹象。然而，重要的是，莱布尼茨拒绝"神迹是必需的"这一观点的理由。他说，为了让一切事物以它们发生的方式发生，上帝"从一开始就对一切事物进行了安排"。莱布尼茨并 [xlix] 没有解释为什么要这样说上帝，但毫无疑问，莱布尼茨的意思是，一个不得不改变最初计划的上帝不会是一个完满的存在者。后来，这成了莱布尼茨后期哲学的一个重要主题。它是莱布尼茨与克拉克 1715—1716 年论战的一个主要的话题；莱布尼茨说，上帝不会创造一个如此不完满的世界机器，以至于需要不时地进行清洁和修理。[139] 这也是莱布尼茨拒绝偶因论并提出自己的关于被造实体之间预定和谐的理论的理由之一。**140**

11. 结论

在引言的开头（本卷原文引言第 12 页），我提到，《论至高无上者》所包括的作品提供了一个形而上学体系的梗概，其中包含了莱布尼茨成熟时期哲学的大部分内容。我们在引言前面的部分中对这一主张做了辩护，而在这一部分，我们不妨趁此机会考察一下它所涵盖的范围。让我们再来看看莱布尼茨用来确立他的结论的原则。在他成熟时期的作品中，他说过（参见本卷原文引言第 22 页），人类在他们的推理中使用两大原则，即矛盾原则和充足理由原则。显然，他的后一种说法指的是两个原则：一个是一般意义上的原则，它表明，一切事物原则上都可以被解释，或者说，一切真理原则上都可以被证明；一个是更加严格意义上的原则，它指的是上帝创造某种宇宙而不是另一种宇宙的理由。这一更加严格意义上的原则被不那么含糊地称作最佳原则。《论至高无上者》用到了所有这三个原则。正如莱布尼茨的后期作品一样，矛盾原则被用在了上帝存在的本体论论证上，而这种论证的形式有时表述为假设最完满的存在者不存在是自相矛盾的，有时则表述为假设必然存在者不存在是自相矛盾的（第 3 节）。我们在《论至高无上者》中也发现了一种与莱布尼茨后期作品中一样的基于充足理由原则的上帝存在的论证（第 4 节）。在《论至高无上者》和他后期作品中，莱布尼茨在确立关于宇宙本性的命题上也用到了充足理由原则：比如，宇宙是无限的（第7节），宇宙是一个充实空间（第8节），以及力的量总是保持不变（第9节）——尽管必须指出的是，《论至高无上者》时期的力的概念不是莱布尼茨成熟时期的力的概念。莱布尼茨还在他关于物质事物的本性的理论中用到了充足理由原则。他认为命题"我拥有这样那样的显象"是一个原初真理（第2节），并论证说这些显象或知觉必定有一个原因（第5节）。在《论至高无上者》中，他探讨了　　[1]这一原因也许是一种超自然的精神存在者的可能性，但他后来放弃了这个想法。

莱布尼茨的《论至高无上者》中的上帝概念与他成熟时期的上帝概念一致。他断言，并不是所有的可能性都是可共存的（第4节），上帝在创造宇宙时在各种可能的事物之间做出了选择。因此，上帝拥有理智和意志，而上帝之所以意愿这样做的理由来自莱布尼茨后来所谓的最佳原则——尽管在《论至高无上者》中，他更喜欢说"和谐"，而不是"最佳"。创造和谐就是用最少的努力产生最大的结果，就像在后期的作品中那样，莱布尼茨在《论至高无上者》中证明世界必定是什么样子时用到了这一原则。他通过这一原则证明了宇宙是一个充实空间（第8节），并通过这一原则证明了运动的量总是守恒（第9节）。他还通过它证明了不存在"形式的真空"（第9节），存在"实无限"，也就是说，物质的每一部分实际上都要被无限再分割（第8节）。除此之外，莱布尼茨通过最佳原则或和谐原则证明了个体心灵为什么存在（第 10 节）。宇宙是一个充实空间，这个命题（他既根据充足理由原则对其进行了论证，也根据和谐原则对其进行了论证）为下述断言提供了基础，即每一个心灵都能知觉到整个宇宙中发生的一切（第 10 节）。由于有限的心灵显然无法注意到一切，所以莱布尼茨引入了"混乱的知觉"的概念，以及一种关于混乱的感官知觉的本性的理论（第 10 节）。

这三个原则并不是《论至高无上者》中所使用的全部原则。莱布尼茨还断言结果必然包含其原因，并在此基础上论证说任何两个事物都不可能完全相似，而这是他后期的"不可分辨者的同一性"这一论点的一种形式（第 6 节）。他还断言，不可能有任何纯粹外在的名称（第 9 节），因此他说，万物在某种意义上都被包含在了万物之中；这也暗示了（第 9 节）他后来的那个论点，即每一个实体都表现整个宇宙。此外，就像他经常在后期所做的那样，他在《论至高无上者》中断言，整体的结果与完整的原因等价（第 9 节）。最后，还有一个重要的观点，即唯一真正的存在物是心灵，或至少是某种类似于心灵的东西（第 6 节）。与此相关的是这样一个观点（第 6 节），即形体的统一性来自心灵；这或许是莱布尼茨后期认为实体形式概念至关重要的一个前兆。

这就是本卷所呈现的作品所包含的哲学体系（不过不太完备）。尽管莱布尼茨后期哲学中的许多重要的命题都可以在《论至高无上者》中被找到，但有些却不能。本节前面曾提到，在

[li]

64

《论至高无上者》时期，莱布尼茨还没有形成他成熟的力的概念。对于那些认为莱布尼茨的动力学是其形而上学中最重要的部分的学者来说，**141** 这肯定意味着，截至 1677 年底，莱布尼茨独特的哲学的那些基础还没有形成。即使我们不接受这种观点，即动力学是莱布尼茨形而上学中最重要的部分，我们也必须承认，《论至高无上者》中缺少那种一般意义上可以被称作莱布尼茨式实体——事实上，它"承载着未来，也承载着过去"——的"动态"特性的东西。该作品可能包含有实体形式概念的某些迹象（参见第 6 节），但只与实体的统一性有关，与实体的动态特性无关。莱布尼茨在他后期作品中详细讨论但在《论至高无上者》中却几乎没有提到的另一个话题是心灵与物质的关系。在莱布尼茨成熟时期的哲学中，这个问题的答案构成了"任一被造实体如何能够作用于其他任一被造实体"这一更宽泛的问题的答案的一部分。莱布尼茨的解决方案是，他给出了这样一个断言，即严格说来，实体之间并不互相作用，而是相互表现，它们之所以这样是因为上帝预先在它们相互独立的活动之间确立了一种和谐。《论至高无上者》中只有少量的指向这一解决方案的暗示。莱布尼茨确实在某个地方说过，我们没必要作用于其他人，其他人也没必要作用于我们（本卷原文引言第 29 页）；他也说过，每个心灵都能知觉到世界发生的一切——这与"每个实体都表现整个宇宙"这一论点有某种关系（本卷原文引言第 46 页）。他还说过，每个实体都是一个"完全的存在者"，即那种为了达到对它的完满的理解而不需要对任何其他事物的理解的东西（本卷原引言第 42 页）。但没有任何线索表明该如何解释实体间的关系。

　　《论至高无上者》最引人注目的空白或许就是，它没有提到 1686 年完成的《形而上学谈》以及相关作品的核心思想，即实体有一个完全的概念，而这个概念可以使实体个体化。再就是，它也没有提到从中得出这一观点的"真理学说"：所谓的"真理学说"，即在每一个真命题中，谓项的概念都或显或隐地包含在主项的概念之中。也许有人会回答说，没有提到这种学说，或由这种学说得出的"完全的概念"的说法，这并不是最重要的。因为莱布尼茨 1695 年及其后的形而上学作品，比如，《新系统》和《单子论》，并没有刚才所描述的那种逻辑上的考虑；相反，它们强调的是实体的统一性。我们在这里就不再讨论这个问题了；就本文的研究而言，我们只要能得出结论说，如果一个人在寻找"实体有一个完全的概念"这一论点的起源，那么他就不能追溯至《论至高无上者》，这就足够了。**142**

[lii]

年　表

　　引言的一个目的是将《论至高无上者》置于莱布尼茨整个作品的语境中。该年表旨在为读者提供一个关于莱布尼茨在引言和注释中提到的著作、文章和书信的概览。为了把这些材料放在更广泛的语境下，该年表做了进一步的扩充，把本卷未曾提到的重要的哲学作品也纳入了进来；这些作品将用斜体来标记。

　　该年表分为两栏。左边一栏是我们可以追溯至 12 个月以内的莱布尼茨的作品。标题后面的字母"P"表明该作品已经由莱布尼茨发表。右边一栏是未发表的作品，我们目前只能大致标注它们的日期。我们或可期待科学院版出版这些作品时能够给出它们更精确的日期；而目前来说，也许一个粗略的指南总比没有好。

　　对莱布尼茨各个版本的引用如缩略词表中所示，这里增加了一个版本；在 1675 年和 1676 年的条目中，字母"Y"后跟着一个数字，这是该卷分配给文章的编号。

1663

De principio individui P

A VI.1, 3—19; GP IV, 15—26

1664

Specimen quaestionum

philosophicarum ex jure

collectarum（1st ed.）P

A VI.1, 69—95

1665

1666

De arte combinatoria P

A VI.1, 163—230; GP IV, 27—104

1667

1668

Letter to Thomasius（October）

A II.1, 10—11; GP I, 9—11

1669

Letter to Thomasius（30 April）   De incarnatione Dei（1669—1670?）

A II.1, 14—24; GP I, 15—27   A VI.1, 532—535

Confessio naturae contra atheistas

P

A VI.1, 489—493; GP IV, 105—110

Specimen quaestionum

philosophicarum ex jure

collectarum（2nd ed.）P

A VI.1, 69—95

De rationibus motus（summer

1669—early 1670?）

A VI.2, 157—76

De vi persuadendi. De somnio et

vigilia（1669—summer 1670?）

A VI.2, 276—278

1670

Preface to an edition of Nizolius

P

A VI.2, 401—432; GP IV, 127—162

Letter to Chapelain？（1st half of

1670?）

A II.1, 50—56

Elementa juris naturalis（1670—

1671?）

A VI.1, 459—485

De materia prima（1670—1671?）

A VI.2, 279—280

1671

Letter to Johann Friedrich（21 May）

A II.1, 105—110

De resurrectione corporum（May）

A II.1, 115—117

Letter to Magnus Wedderkopf（May?）

A II.1, 117—118

Hypothesis physica nova P

A VI.2, 219—257; GP IV, 177—219

Theoria motus abstracti P

A VI.2, 258—276; GP IV, 221—240

Letter to Arnauld（November）

A II.1, 169—181; GP I, 68—82

Letter to Magnus Hesenthaler

A II. 1, 199—201

De conatu et motu, sensu et

69

cogitatione

A VI.2, 280—287

Hypothesis de systemate mundi

A VI.2, 293—299

De natura rerum corporearum

(2nd half of 1671?)

A VI.2, 300—309

Summa Hypotheseos physicae

novae (2nd half of 1671?)

A VI.2, 326—378

Demonstratio propositionum

primarum (autumn 1671—early 1672?)

A VI.2, 479—486

Table of definitions (2nd half of

1671—early 1672?)

A VI.2, 487—510

Wilhelmus Pacidius (2nd half of

1671—early 1672?)

A VI.2, 510—213

1672

Propositiones quaedam physicae

(early 1672—autumn 1672?)

A 4—72

Demonstratio substantiarum

incorporearum (autumn?)

A 73—93

Letter for Gallois (end of 1672)

A II.1, 222—229

Confessio Philosophi (autumn

1672—winter 1672—1673?)

A 115—149

De minimo et ,maximo. De

corporibus et mentibus (autumn

1672—winter 1672—1673?)

A 97—101

1673
1674

Tria axiomata primaria (summer

1674—autumn 1676?)

A 427—428

1675

De mente, de universo, de Deo

(2nd half ? of December)

Y 1, A 461—465

De materia, de motu, de minimis,

de continuo (December)

Y 2, A 465—467

Letter to Foucher

A II.1 245—249; GP I, 369—374

Notes on Descartes's "Principia"

(winter 1675—early 1676?)

A 213—217

1676

De arcanis sublimium vel de

summa rerum (11 February)

Y 3, A 472—477

De sede animae (February)

Y 4, A 478—479

De unione animae et corporis

（February）

Y 5, A 479—480

Notes on a letter of Spinoza

（February）

A 275—282

Notes on Tschirnhaus' account of

Spinoza（early 1676）

A 384—385

Notes on Foucher's reply to

Malebranche（early 1676?）

A 311—326

De magnitudine（early 1676）

Y 6, A 481—484

Notes on science and metaphysics

（18 and 22 March）

Y 7, A 391—397

Latin summary of Plato's

"Theaetetus"（March—April?）

A 298—311

Meditatio de principio individui

（1 April）

Y 8, A 490—491

De elementis cogitandi（1st half

of April）

Y 9, A 504—507

De veritatibus, de mente, de Deo,

de universo（15 April）

Y 10, A 507—513

De formis seu attributis Dei（2nd

Half？of April）

Y 11, A 513—515

De reminiscentia et de reflexione

mentis in se ipsum（2nd half？of April）

Y 12, A 515—517

De origine rerum ex formis（April?）

Y 13, A 517—522

De formis simplicibus（April）

Y 14, A 522—523

Linea interminata（April）

A 485—489

De plenitudine mundi（early？1676）

Y 15, A 524—526

Guilielmi Pacidii de rerum arcanis

（early？1676）

Y 16, A 526—28

Sur les premières propositions et

les premiers termes（early 1676—

autumn 1676?）

A 435—36

Letter to Mariotte（July）

A II.1, 269—71

De arcanis motus et mechanica ad

puram geometriam reducenda

（summer）Studia Leibnitiana

Supplementa

17（1978）, pp. 202–205

Pacidius Philalethi（29 October—
10 November）
A 528—571

Quod ens perfectissimum sit
possible（November?）
Y 17, A 571—574

Ens perfectissimum existit
（November?）
Y 18, A 574—577

Quod ens perfectissimum existit
（18—21 ? November）
Y 19, A 578—579

Principium meum est...（A
paper on possibility and
existence）（12 December）
Y 20, A 581—582

Definitio Dei seu entis a se
（December?）
Y 21, A 582—583

Catena mirabilium
demonstrationum（12 December）
Y 22, A 583—585

Cogitatio non est motus
（December）
Y 23, A 586—587

De existentia（December）
Y 24, A 587—588

Notes on metaphysics（December）
Y 25, A 399—400

1677

Discussion with Eckhard (15 April)

A II.1, 311—314; GP I, 212—215

Letter to Eckhard (28 April)

A II.1, 321—324; GP I, 220—224

Dialogus de connexione inter res

et verba (August)

GP VII, 190—193

1678

Letter to Conring (29 March)

A II.1, 397—402; GP I, 193—199

Analysis linguarum (11

September)

C 351—354

Specimen calculi universalis

(1678—1684?)

GP VII, 218—21 & C 239—243

Ad specimen calculi universalis

addenda (1678—1684?)

GP VII, 221—227

Introductio ad encyclopaediam

arcanam (1678—1686?)

C 511—515

1679

Elementa Calculi (April)

C 49—57

Calculi universalis investigationes

(April)

C 66—70

Regulae . . . de bonitate

consequentiarum (April)

C 77—84

Calculus consequentiarum (April)

Characteristica verbalis (1679?)

C 432—435

De Organo sive Arte Magna

cogitandi (1679—1682?)

C 429—432

C 84—89

Letter to Philipp (late November)

GP IV, 281—282

1680

Letter to Philipp (January)

GP IV, 283—287

1681

1682

1683

De synthesi et analysi universali

(1683—1686?)

GP VII, 292—298

De modo distinguendi

phaenomena realia ab imaginariis

(1683—1686?)

GP VII, 319—322

1684

Meditationes de cognitione,

veritate et ideis P (November)

GP IV, 422—426

1685

Definitions of metaphysical con-

cepts (1685?) Grua, 324—325

Recommendation pour instituer la

science générale (1685—1686?)

GP VII, 157—173

De verum a falso distinguendi

criteriis (1685—1687?)

GP VII, 299—301

Non inelegans specimen demon-
strandi in abstractis

（1685—1687?）

GP VII, 228—235

Specimen calculi coincidentium et
inexistentium（1685—1687?）

GP VII, 236—247

1686

Discours de métaphysique
（January—11 February ?）

GM IV, 427—63

Brevis demonstratio erroris
memorabilis Cartesii P（March）

GM VI, 117—119

Remarks on a letter of Arnauld
（May）

GP II, 37—47

Letter to Arnauld（14 July）

GP II, 47—59

Draft of a letter to Arnauld
（December?）

GP II, 68—73

Letter to Foucher（late 1686）

GP I, 380—385

Generales Inquisitiones

C 356—399

Vindicatio justitiae divinae

（1686?）

Grua, 371

Specimen inventorum de
admirandis naturae generalis
arcanis（1686—1695?）

GP VII, 309—318

1687

Letter to Bayle (January)

GP III, 42—49

Letter to Arnauld (30 April)

GP II, 90—102

Letter to Arnauld (9 October)

GP II, 111—129

1688

Fundamenta calculi ratiocinatoris

(1688—1689?)

GP VII, 204—207

1689

Tentamen de motuum coelestium

causis P (February)

GM VI, 144—161

Primae Veritates (1689?)

C 518—523

De Libertate (1689?)

Foucher de Careil, 178—185

1690

Letter to Arnauld (23 March)

GP II, 134—138

Primaria calculi logici

fundamenta (11 August)

C 235—237

Fundamenta calculi logici (12

August)

C 421—423

1691

1692

Animadversiones in partem

generalem Principiorum

Cartesianorum

GP IV, 350—392

1693

Letter to Foucher（after March）

GP I, 415—416

1694

De primae philosophiae

emendatione P（March）

GP IV, 468—470

1695

Dialogue effectif sur la liberté de

l'homme（25 January）

Grua, 361—369

Specimen Dynamicum P（April）

GM VI, 234—246

Système nouveau de la nature P

（June）

GP IV, 477—487

Quelques remarques sur le livre

de Mons. Lock（1695 ?—February

1697）

A VI.6, 4—9; GP V, 14—19

1696

Letter to Basnage de Beauval（13

January）

GP IV, 498—500

Eclaircissement du nouveau

système P（April）

GP IV, 493—498

1697

Letter to des Billettes（21

October)

GP VII, 455—458

De rerum originatione radicali (3

December)

GP VII, 302—308

1698

Letter to Morell (14 May)

Grua, 125—128

Eclaircissement des difficultés que

M.Bayle a trouvées . . . P (July)

GP IV, 517—524

De ipsa natura P (September)

GP IV, 504—516

1699

Letter to de Volder (3 July)

GP IV, 181—187

1700

1701

Extrait d'une lettre touchant la

démonstration cartésienne de

l'existence de Dieu P (September)

GP IV, 405—406

1702

Remarks on Descartes (May)

GP IV, 393—400

Sur ce qui passe les sens et la

matière (June)

GP IV, 488—508

Réponse aux réflexions...de

M.Bayle（August）

GP IV, 554—571

Remarks on the article

"Rorarius"

GP IV, 524—554

Considérations sur la doctrine

d'un esprit universel unique

GP VI, 529—538

1703

Letter to de Volder（20 June）

GP II, 248—253

1703 & 1704

Nouveaux Essais sur

l'entendement humain

A VI.6, 44—527; GP V, 39—509

1704

1705

Considérations sur les principes

de vie P（May）

GP VI, 539—546

Eclaircissement sur les natures

plastiques P（May）

GP VI, 546—555

Letter to de Volder（11 October）

GP II, 278—279

1706

1707

1708

1709

1710

Letter to R. C. Wagner（4 June）

GP VII, 528—532

Letter to Bierling（10 November）

GP VII, 490—492

Essais de Théodicée P

GP VI, 1—436

Causa Dei, asserta per justitiam

ejus P

GP VI, 437—462

1711

1712

Letter to des Bosses（16 June）	Paper on metaphysical
GP II, 450—452	consequences of the principle of
	reason（1712?）
	C 11—16
	Entretien de Philarète et d'Ariste
	（1712—1715）
	GP VI, 579—594

1713

1714

Principes de la nature et de la	*Initia rerum mathemati-*
grâve（July—August）	*carum metaphysica*（1714—1716）
GP VI, 598—606	GM VII, 17—29

"Monadology" (July—
September ?)
GP VI, 607—623

1715

To Clarke, Paper 1 (early
November)
GP VII, 352
To Clark, Paper 2 (end of
November)
GP VII, 355—359

1716

To Clarke, Paper 3 (25 February)
GP VII, 363—367
Letter to Remond (27 March)
GP III, 673—675
To Clarke, Paper 4 (29 May)
GP VII, 371—381
To Clarke, Paper 5 (mid-August)
GP VII, 389—420

论至高无上者

[3]　　1. 论心灵、宇宙和上帝

　　A, No.57

　　1675 年 12 月 **1**

【461】 *

　　有些命题听上去冠冕堂皇，但经过考察，它们与同一性命题相差并不大。例如，我在麦卡托的《对数术》**2** 中读到，从 1 开始，每第三个数，都是 3 的倍数。我认为这个命题可以说是一个简明的定理；但经过仔细研究，我发现它是不证自明的，适用于任何数字。因为三进制数——即 3 的倍数——就是每第三个数。当以这种方式认识到的东西被转换成序数时，我们可以构造一些巧妙的命题。比如，在一个很长的序列中，你

---

　　* 方括号"[ ]"内为英译本页码；鱼尾号"【 】"内为英译本所选录的原文的页码。

总是从第一项开始，先取走每个第二项，然后取走每个第三项，然后取走每个第四项，并且假设你不仅对剩下的项进行编号，也对空的空间（如果某些项被取走了）进行编号。假设问题是这样的。首先击打每个第二项，然后击打每个第三项，然后击打每个第四项，然后击打每个第五项。问题是，你应该站在哪个位置，才能使自己受到的击打最少。答案是：选择质数，比如 13，你永远不会被击打。

以观念为工具的程序 **3** 和以定义或符号为工具的程序有 **【462】** 区别；因为定义是对符号的解释。每一个以定义为工具的程序本身都包含着以观念为工具的程序；因为我假定说话的人会思考。以定义为工具的程序加上以观念为工具的程序得到的结果就是，思想变成了固定的东西，这样一来，它就总是可以被我们和别人所理解，我们整个的思想程序也就一目了然了。定义的连接构成了推证。**4** 以定义为工具的程序之于以观念为工具的程序，就像是以图画为工具的程序之于以纯粹想象为工具的程序，本身不稳定的想象以这种方式被固定了下来。当我们在没有图画和定义的情况下凭借想象或观念来进行时，我们就会被记忆所欺骗，我们常常会觉得自己完成了没有完成的事情。这里面有各种各样的错误；我们进行类比，常常不去考虑它们是否适用于目前的情况。因此，当我说 $\sqrt{-1}$ 是一个可能的量时，我就是通过某种类比来进行的。

当我想到"某个不可设想的无与伦比的伟大的东西"时，我所想到的不同于我分开考虑在"某个东西""无与伦比""设想""不""可能"等词下所理解的个别东西的观念时所想到的。
我分别有我所谓的"某个东西"的观念，我所谓的"无与伦

[5]   比"的观念，我所谓的"设想"的观念；所以，我一个接一
个地想到了它们。后来，我没有把这些东西的观念彼此连接
起来，而是只把语词和符号连接了起来，我误以为我有"某个
不可设想的无与伦比的伟大的东西"的观念——就好像我同时
想到了所有这些东西。在这一点上，我们既是欺骗者，也是被
欺骗者，这是观念的错误之源。我们有单纯物的观念，却只有
复合物的符号。但如果我们能够在一个念头中把握住"某个不
可设想的无与伦比的伟大的东西"，我们就会有最伟大者的观
念。同样，如果我们能够想到"某个不可设想的无与伦比的强
大的东西"，我们就会有最强大者的观念；而如果我们能够想
到"某个不可设想的无与伦比的美丽的东西"，我们就会有完
满者的观念。

因此，我们不能由此得出这样的结论：当我们有了进入
某一事物的定义的那些东西的观念时，我们就有了整体的观
念——除非我们能同时想到所有那些东西。我们有我们所谓的
"我"的观念，我们所谓的"思想"的观念，我们所谓的"快
乐"和"痛苦"的观念，我们所谓的"同一"和"差异"的观
念，以及广延和变化的观念。但是，无论我们以何种方式定

【463】   义上帝，我们都没有上帝的观念。这就导致了下述结果，即当
我们分别想到了一个事物的必要条件而没有把它们结合在一起
的时候，我们不能轻易地从一个事物的必要条件 **5** 可以被思想

这一事实来判断这一事物的可能性。但是，由于我们不能把不同的观念结合成一个念头（尽管我们可以借助符号把它们结合起来），并且不能同时表象一系列不同的念头，因此，我们不能通过思想来判断不可能性，除非我们能同时把各个观念表象给我们自己。这是不可能发生的，除非我们能同时感知或想象所有这些东西的符号，因为这要通过把那些符号——每个符号对应一个观念——表象给想象力来完成。由于符号的数目有时是如此之大，以致全部符号无法呈现在想象力中，因此需要对它们进行一种有形的描述——以便，当我们按顺序考察它们时，我们可以确定，其间，早些时候的符号并没有随着我们进入晚些时候的符号而消失。所以我们不像同时思想一切事物的上帝那样，我们没有任何圆的观念。我们内心有圆的影像，也有圆的定义，我们内心有思考圆所必需的那些事物的观念。我们思考圆，我们就圆给出证明，我们认出圆：我们知道它的本质——但只能逐渐地知道。如果我们能同时思考圆的整个本质，我们就会有圆的观念。只有上帝才有复合物的观念；与此同时，我们却只有通过逐个地思考圆的必要条件来认识它的本质。通过某种可感的影像或定义，也就是说，通过其中不需要任何相似性的符号的聚合，我们的观念的缺陷可以得到弥补。**6** 观念的位置每一次都被某种能够同时被整个地感知到的心象所填满。影像激发感官，符号激发思想；前者更适合行动，后者更适合推理。 [7]

人们怎么会有否定性事物的观念，比如，最伟大者的观念，即某个不可设想的无与伦比的伟大的东西 **7** 的观念呢？

所有数字的数目是一个自相矛盾的说法，也就是说，它没有对应的观念；否则就会得出这样的结论，即整体等于部分，或有多少数字就有多少平方数。

最快速的运动是一个不可能的概念，因为我们可以证明，从一个给定的最快速的运动可以得出一个更快速的运动。**8** 既然所有数字的数目是一个自相矛盾的说法，那么很明显，所有概念的事物不可能构成一个整体。因为它复多的部分加总是个数，而数目、样式和关系都不是存在物。

"不可能的事物"这一概念有两个方面：一方面，它指的是没有本质的事物；另一方面，它指的是不存在的事物，即过去不存在、现在不存在、将来也不存在的事物，因为它与上帝不相容，或者说，它与存在或使事物存在而不是不存在的理由不相容。我们必须看看，是否能证明存在着那种缺乏存在的本质，以致不能说无法设想任何一个事物将在整个永恒之中的某段时间不存在。**9** 现在存在、将来存在和过去存在的所有事物构成了一个整体。任何与必然的事物不相容的事物都是不可能的事物。**10** 这个事物存在而不是其他别的事物存在是有理由的。不可能性的根源有两个方面：一方面来自本质，另一方面来自存在或断定为现实的事物。同样，不可能的问题的原因也有两个方面：一是当问题被分析成一个矛盾的等式时，二是当问题被分析成一个无法被理解的虚量时。这是对那些过去不存在、现在不存在、将来也不存在的事物的极好写照。这是一个

【464】

必然命题："凡是将来会存在的，将来就会存在。"**11** 做过的事都不能收回。彼得不可能不存在，因此彼得存在是必然的，因此彼得过去存在是必然的。同样，我们将推证，最后的审判将来临是一个必然命题。但这一切都有些琐碎无聊。

当我们梦见宫殿时，我们理所当然地否认它们存在。因此，存在并不是被感知。我们真实的感觉和虚假的感觉之间的 [9] 区别仅仅是真实的感觉是一致的，或者我们对它们的预测是真实的，比如，我们对日食的预测。感觉不是事物的存在，因为我们宣称存在着未被感知到的事物。此外，感觉一致本身必定有某种原因。因此，存在是使我们有一致感觉的主体的质。由此我们可以认为，还存在着一些未被感知到的事物，因为即使（由于我们自身的缺陷）这种事物未被感知到，那种质也可以存在。我们并不怀疑感觉本身的存在——因此我们也不怀疑存在着有感知的存在者和感觉的原因。难道感觉的存在不是不证自明的吗？因此这是一个公理，**12** 由此我们可以说，我们的感觉和对象都存在。我们似乎证明了，就事物作为一种来自我们的感觉的必然结果或可能结果而言，它们是存在的。因此，我们认为，我们的感觉存在，并且那种来自我们的感觉的东西也存在。所以，存在来自感觉。我们可以说，那些作为结果被感知到的事物也被感知到了。但是，更好的说法是，我们所感知到的是我们所梦见或看到的宫殿。

当我们想到思想时，我们想到的不同于我们想到形状和运动时所想到的。思想不来自广延；但广延不来自思想，这一点 **【465】**

却并非同样确定无疑。也就是说，"一切广延物都思想"不是一个必然命题。空间，或者空间的一部分，是不能思想的。但这种说法却并非同样可推证，即如果一个事物的本性在于它不能与另一个与它相似的事物存在于同一空间，那么这个事物就不能思想。不过，任何有可分的部分的事物都不能思想，这似乎可以推证。

如果从一个给定的点并穿过这个给定的点可以画出的最长的线是一个量，那么沿着两个方向所画出的最长的线就有一个中点。事实上，由此可得，整个空间有一个中点。[13]这样，宇宙就会有一个中心和直径，虽然后者没有终点。从一个给定点到一条给定的直线，[14]我们无法画出一条最长的直线。就像宇宙有一个中点一样，永恒也有一个中点。有人会问，这个中点是否已经过去了，以及多久前过去的；我们的事是否必定发生在宇宙的中点，[15]在永恒的中间瞬间；是否永恒的中点也有可能离我们有无限的时间，而空间的中点也有可能离我们有无限的距离；[16]当永恒的中点到来的时候，我们是否可以说上帝已经度过了半生。

[11] 　　上帝是一种心灵吗？上帝受快乐的影响吗？上帝理解，是因为祂作用于祂自身。而祂作用于自身，是因为祂是自因。其他心灵并不创造自身，尽管它们改变自身。上帝保存祂自身，尽管祂并没有不断地再创造祂自身；我们必须弄清楚保存是否就是持续的创造。

2. 论物质、运动、最小部分和连续体

A, No.58

1675 年 12 月 **1**

根据某些推理方式，我们可以推知：存在就是能够被知觉。**2** 例如，如果我说所有的事物都在沿一个固定的方向移动，这和我说所有的事物都是静止的一样。**3** 如果我说所有的事物都以某种与现在的速度成比例的更快的速度移动，那就不会有什么真正的改变。如果我设想在空间中，而不是在广延中，**4** 一种完全静止的流体，当某个形体在其中漂浮时，被移动来填充该形体的处所，那么我就会说，空间不过就是一个真空。如果一个形体的运动受到了它的运动的阻碍，那么它就是物质。

最微妙的几何学所关切的是，液体是如何以及通过何种环流路线回流到形体移动后留下的处所的。我们必须考察每一个点是沿着哪一条路线移动的，以便证明，每一个点时而沿着某一条线路移动，时而沿着另一条线路移动——假定是这样，就会得出一个荒谬的结论，即连续体是由最小部分构成的。我们由此还可以推知，不可能有一种填充所有事物的理想液体，**5** 也就是说，空间必须被理解为一个真空。但是，在说完美的流动性蕴含着矛盾之前，**6** 我们必须先考察那个推证 **7** 及其荒谬性。拒绝完美的流动性的另一个理由是，借助于流体的解释方法与借助于空间的解释方法之间的区别似乎不可理解。

运动的量是守恒的，或者说，如果运动形体的大小增加，它的速度便减小，伽利略、笛卡尔、霍布斯，当然还有阿基米德都注意到了这一点。[8] 人们从现象中推导出了这一结论，但却没有人能证明它源于自然。我们有一种偏见，那就是认为更大的形体移动起来更困难，仿佛物质本身抵抗运动似的。但这与理性相悖，因为物质对任何处所都漠不关心，因此对处所的改变漠不关心，也就是说，对运动漠不关心。笛卡尔躲在了上帝的不变性中，[9] 而他本应诉诸上帝的杰作的和谐，因为最有智慧者往往会选择最简单的方法来达到最大的效果。[10] 但我们很难以整个世界保持同样的运动的量或许对事物的和谐来说很重要为理由来证明它与事物的和谐相一致。相反，它似乎与不同系统中不同运动定律所适用的事物的多样性相一致。但是，如果物质和充实空间的这一本性表明运动的量是必然的，那么我想要的就会更容易得到满足。因为我们至少可以承认，宇宙的充盈与事物的和谐是一致的。因为，除非必要，否则某个地方的某一部分被弃置不用，这是不可理解的。现在，我认为所有的事物都是满的，也就是说，它们是以各种方式运动的物质。（因为，如果我们把整个无限的质量理解为以某种对一切来说相同的运动来移动，那么这种运动就会被认为不存在。）[11] 所以，一旦事物充盈被给定，换句话说，一旦空间中没有一个部分不存在以不同于其他无限多的运动方式移动的物质被给定，那么我就能证明运动的量是守恒的。

我们不妨假设，在一段时间内，同一量是守恒的，我们不

[13]

【467】

92

妨把这段时间称作 AB，并把物质在这段时间内穿过的空间称作 ABCD——把物质的每一个可赋值的点理解为在这段时间内都穿过了空间的一个特定的部分。更准确地讲，假设有一种立方体，假设时间是从立方体的边 AE 上截取的一部分，即 AB。假设直线 AC，即立方体的另一条垂直于 AB 的边，代表 [15]

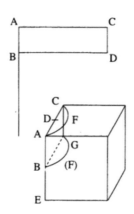

的是物质。假设直线 DF 与 AC 相交，并垂直于 AC；它代表的是物质任一部分的速度，也就是，任何确定时间内要穿过的空间的无穷小的部分。物质所穿过的整个空间将是某柱体的一部分，即 AFCG（F）BGCA。现在，如果物质的一部分开始比以前移动得更快了，那么在 AB 这段时间内，它占据的空间就会比原来的要大。但是，世界的空间是有定限的，也就是说，确定的、有规定的，即使假定它是无限的；而如果一切都是满的，那么某个事物就不可能占据比以前更多的空间，除非其他别的事物占据了比以前更少的空间，因为否则的话，形体就会被理解为相互渗透。因此某个事物不可能比以前移动得更快，除非其他别的事物比以前移动得更慢——只要足以使整个物质被理解为在同样的时间内恰好占据同样多的空间就行。那就是说，整体将保持同样的运动的量，因为整体的运动的量等于一定时间内一定量的物质相继占据的空间的量。因为运动的本性就在于，时间的任一部分都不会如此之小，以至于一个形体其间不会相继出现在几个地方。因此，如果一切事物都是满的，其他事物必然相继给这个形体让路。如果某个事物相继占据了几个地方，其他别的事物也相继占据了几个地方，最后如果把形体的各个部分相继占据的所有地方加起来，那么整个空间被折返的次数越多，所花费的时间也就越多。在相同的时间内，所占据的空间的总和也不可能变得更大或更小，因为那样的话，在分配完成后，就有必要增加更多的物质来填充剩余的空间，或者，就有必要逐出一些物质——我们认为这两种情况都是不可能的。

但这里值得注意的是，为了更精确地推证，我们可以从其他方面来证明，或更确切地说，可以基于所有的事物都必然有弹性这一事实来证明，运动量的总和是不可能减少的。这里我们不得不考虑，两个完全笔直的形体是如何可能彼此弯曲的，因为它们没有理由向这个部分而不是那个部分弯曲。因此，考虑到两个完全同质的笔直的形体相遇，运动就会消失，作为推论，事物的整个和谐也就会被扰乱。我们可以回答说，这样的形体过去不存在，现在不存在，将来也不存在；但这在理智上

【468】

[17]

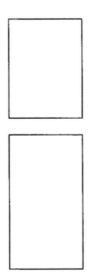

并不令人满意。因为这样一种形体当然还是有可能的。那么我们不妨假定它存在；我们由此可以得出我们向来认为不可能的结论，即运动量发生了变化。因此，真正的一般原因不是弹性，而是量的守恒。既然它是一般原因，那么它也是弹性本身的原因。在这一探究中，有两件事需要注意：第一，不可能的事物与现在不存在、将来不存在、过去也不存在的事物有什么不同；[12] 第二，同一件事怎么会有几种原因。

根据我刚才所说的，不仅整个质量不可能有更多或更少的运动（因为那样的话，整个质量就会占据更多的空间），而且我们似乎可以同样公正地说，甚至是形体的任一部分，除非它可变，[13] 并因此变得更轻（这与经验相悖），否则它不可能比它现在移动得更快，我们似乎可以对运动和空间的填充之间的关系做出更深入的解释。可以肯定的是，同一个形体可以在给定的时间内占据更多或更少的空间，因为它可以移动得更快或更慢。但是，如果一切都是满的，而某个形体比以前移动得更快，那么另一个形体就必然比以前移动得更慢。因为否则的话，如果一个形体占据了比以前更多的空间，而另一个形体占据了和以前一样多的空间，那么相比以前，它们就会在更高的程度上处于同一个空间；这与我们认为形体必定具有不可入性的观点相反。另一方面，如果我们假定运动的量减少，那么物质在给定时间内所占据的空间的量也会减少。但是，空间并不减少，因此仍会留下没有被占据的空间。因此只要假定这是一个原则也就够了，即物质或形体的本性是同样的时间内占据同样大小的空间。

【469】

[19]

形体的运动就是扩张，因为一个形体移动得越快，它在一定时间内占据的空间就越大。那么，假定在一个充实空间中，一个形体在另一个形体没有收缩的情况下便不可能扩张，一个形体在另一个形体没有扩张的情况下便不可能收缩，并且另一个形体的扩张也只能借助于运动来理解——假设所有这一切皆为真，那么说运动的量总是守恒就相当于说物质的量总是守恒。

说在给定的时间内穿过同一空间的物质越多就相当于说物质移动得更快，因此质量会因为延迟时间短而得到补偿。以无限的速度移动的一个点瞬间填满一条线。如果某物以一种无法理解的飞快的速度移动，它就会同时无处不在。

最小的时间（最小的空间）是更大的时间（空间）的一部分，它处在更大的时间（空间）的边界内。这源于我们的整体与部分概念。因此，最小的时间就是时间最小的部分，最小的空间就是空间最小的部分。空间没有最小的部分。因为否则，对角线上最小的部分和边线上最小的部分一样多，所以对角线的长就等于边的长，因为所有的部分都相等的事物本身也相等。同样，我们很容易证明，时间没有最小的部分。如果一个最小的部分是某物的最小的部分，那么它将是空间中的那些事物的最小的部分（或更确切地说，它将是空间各个部分的最小部分，那样你就可以把空间和形体区分开来了）。对于物质，我们也不能说出别的道理了。因此，假定有最小的部分，那么无论是一瞬间还是一段时间就都蕴含着矛盾。每一种更大的事物就都是由更小的事物构成的。因此，每一个最小的部分就都是那种最小的部分不超出其边界的更大的事物的一部分。

如果这个连续体不是假定的最小部分的总和（如果其中存在最小部分的话），那么当取走最小部分的总和时，就会剩下一部分；因此这个部分大于一个最小的部分，因为它既不小于也不等于最小的部分，[14] 所以其中还有最小部分。但这是荒谬的，因为我们已经取走了所有的最小部分。因此，如果连续体中有最小的部分，那么连续体就是由这些最小的部分构成的。但是，正如我已经证明的那样，认为连续体是由最小部分构成的，这是荒谬的；因此，认为连续体中有最小部分，或者

【470】

[21]

认为最小部分是连续体的部分，这也是荒谬的。存在于某种事物之中（也就是，存在于某种事物的边界之内）和成为某种没有别的事物便无法被理解的事物，就是成为一个部分。所以，事实不是如此。**15** 因此，如果时间中有瞬间，那就只有瞬间，时间只不过是瞬间的总和。

由此，我们可以很好地证明：（1）每一个连续体都是无限的。因为，假设一个形体已经被移动到 **16** 世界的尽头，它将开始离开这个世界，所以世界之外有一个空间，这与我们的假设相悖。（2）变化不可能停止，或者说，任何移动的形体还将移动。出于同样的原因，变化也不可能开始。（3）每个形体都在移动。因为每个形体都是可移动的，而任何可移动的形体都移动过。（4）在一个处所也就是经过一个处所，因为每个形体没有一瞬间不在移动。（5）物质不可能与其他物质同时占据同一空间。（6）如果一个形体在某一充实空间里推动另一个形体，那么它的速度就会减慢，也就是说，这个形体没有被给予更多的运动，而不是整个质量的运动应该会减少。这里有一个必须铭记的事实，那便是，变化在大的事物而不是小的事物中发生。这应该被当成一个原理。如果变化有必要以两种方式中的一种发生，一是许多事物中发生小的变化，一是少数事物中发生大的变化，那么这种变化将发生在少数事物中。而这就是重物向下冲的原理。因为增加主体无用，那就不妨将这种方式废止，让变化重新统一在一起。

3. 论崇高的秘密，或论至高无上者

A, No.60

1676 年 2 月 11 日

【472】

经过充分考虑之后，我把事物的和谐——也就是，存在着尽可能多的本质——当成了一个原则。因此，存在的理由要多于不存在的理由，而且只要有可能，所有的事物都会存在。因为，既然某种事物存在，而不是所有可能的事物都能够存在，因此只有那些包含着最多本质的事物才会存在，因为没有别的理由来选择某些事物而排除其他事物。因此首先存在的是所有可能的存在者中最完满的存在者。最完满的存在者首先存在的理由显而易见：因为它们既简单又完满，也就是说，包含着最多本质，所以它们就为尽可能多的其他存在者留下了空间。因此一个完满存在者要比许多与之相当的不完满存在者更可取，因为后者在占据处所和时间的同时妨碍了其他存在者的存在。① 【473】

[23]

---

① [莱布尼茨注] 从某个事物存在这个事实出发，我们可以推知，那个事物的存在有其必然性，因此，要么所有事物本身是必然的，但这是错误的，要么至少它们的终极因是必然的。我们由此可以推知，一种绝对必然的存在者是可能的，也就是说，并不蕴含某种矛盾；我们由此可以推知，它是存在的。[1] 现在，我们必须弄清楚，它是否能被推证是唯一的，等等。[2] 另外，既然有些事物是存在的，而有些事物是不存在的，那么最完满的事物肯定是存在的。

《关于至高无上者的神秘哲学的要素》从几何上对其进行了论证。[3]

我们现在根据这一原则可以推知，形式之间没有真空；同样，只要有可能，处所和时间中就不会有真空。我们由此可以推知，只要有可能，没有哪个可赋值的时间是不存在某种事物的，也没有哪个处所是空着的。因此，我们必须弄清楚世界充盈会带来什么。

首先，我们将证明，除了流体之外，必然还存在着固体。因为固体包含着更多的本质，它们比流体更完满；但是，不可能所有的事物都是固体，因为那样的话，它们就会相互阻碍。因此固体与流体混合在一起。固体的起源似乎不能仅从流体的运动来解释。顺便提一句，所有的固体似乎都拥有某种心灵。我们必须弄清楚，那些不能被分离的固体是否具有一定的弹性；我们还必须弄清楚，是否存在既不是固体也不是流体，而是就其本性而言介于固体和流体之间的形体；但这似乎有点难以解释。

原子的存在符合理性吗？如果某个原子一旦存在，它将永远存在。因为它周围构成一个充实空间的液体物质会立即努力使其破裂，原因是，正如我可以很容易证明的那样，它妨碍了液体物质的运动。如果某个较大的一定程度上抵抗破裂的形体在液体中移动，它会立刻形成一种小球和一个涡旋。**4**

从固体在液体中存在来看，我们似乎可以推知，理想流体物质不过就是无限复多的点，也就是，比任何可赋值的东西都要小的形体；或者，我们似乎可以推知，必定存在着这样一种穿插其间的形而上学的真空，它与物理学的充实空间

并不矛盾。一个形而上学的真空是一个空的地方，无论多么
小，都是真实的和实在的。物理学的充实空间与不可赋值的
形而上学的真空并不矛盾。[5]或许我们可以由此推知，物质被
分割成完美的点，也就是说，被分割成它可被分割成的所有部
分。我们由此不可能得出任何荒谬的结论。因为它意味着，理
想流体并不是连续的，而是离散的，也就是说，是复多的点。
因此，它并不意味着，一个连续体是由点构成的，因为液体物
质不是一种真正的连续体，即使空间是一种真正的连续体；由
此我们可以再一次清楚地看到，空间和物质之间的区别到底有
多大。只有物质可以用没有连续性的复多来解释。而事实上，
物质似乎就是一种离散的存在物；因为即使我们假定它是固体，
但就它是物质而言，当它的黏合剂[6]——例如，运动，或其他
诸如此类的东西——不复存在时，它就会沦为一种流动的状
态，也就是，可分割的状态，我们由此可以推知，它是由点构
成的。我是这样证明的：每一种理想液体都是由点构成的，因
为它可以被分解成点。我用固体内部的运动证明了这一点。因
此，物质是一种离散的存在物，而不是一种连续的存在物；它
只是交接的，通过运动或通过某种心灵结合在了一起。[7]

　　整个宇宙似乎有某个中心，[8]和某个一般的无限涡旋；似
乎也有某种最完满的心灵，或上帝。这个心灵，像灵魂一样，
作为一个整体存在于世界的整个形体之中；事物的存在也归因
于这个心灵。它是自因。存在不过是一致感觉的原因。事物的
理由是事物一切必要条件的聚合。[9]上帝来自上帝。[10]无限的

[25]

【474】

101

整体是一。总而言之，特殊的心灵之所以存在，仅仅是因为至高无上者断定，在某个地方存在着某种有理解力的东西或者说某种理智的镜子或世界的摹本是和谐的。存在即和谐；一致的感觉是存在的标志。

如果物质的任何一个部分，无论多么微小，都包含着无限多的受造物，也就是，都是一个世界，这一点是真的，那么物质实际上也就被分割成无限多的点。而只要这是可能的，它就是真的，因为它增加了实存物的复多性和事物的和谐，或对神的智慧的赞美。因此我们还可以进一步推知，物质的任一部分与其他任一部分都是可通约的，**11** 这也是事物和谐所带来的一种令人叹为观止的结果。我们必须弄清楚这是否真的会发生。这里我必须考察一下我在别处使用过的论证，从这个论证来看，我们似乎可以推知，一个圆——如果它存在的话——与它的直径成比例，就像一个数字与另一个数字成比例一样。我们必须弄清楚这种推论是否有效。另一方面，我们必须弄清楚，在液体中，是否存在一种根据固体在其中的各种运动时而更多时而更少的再分割。因此，我们必须严

[27]

格地考察一下，液体究竟是被完美地分割成形而上学的点，还是仅仅被分割成数学的点。因为数学的点可以被称作卡瓦列里的不可分量，**12** 即使它们不是形而上学的，即最小的部分。而如果我们能够证明，液体可以被更大或更小程度地分割，那么我们便可以推知，液体不能被分解成不可分的点。不过，有人可能会为液体由完美的点构成进行辩护，即便它

从来没有被完全分解成这样的点，因为液体能够进行所有的分解，而且当它的黏合剂——即心灵和运动——不复存在时，它也会不复存在。

上帝并不像某些人所表象的那样——某种形而上的、想象出来的、不能思想、不能意愿、不能行动的东西，因此，就像你所说的上帝是自然、命运、运气、必然性、世界一样。相反，上帝是一种实体、一个位格、一个心灵。这样一种沉思可以被称作"论崇高的秘密"或"论至高无上者"。那些被认为是哲学家的人通过他们的过分抽象把上帝降格成了某种难以觉察的虚无，而这种抽象也就是傅斯修（Vorstius）**13**——对这些违背神的荣耀的荒诞不经的观点进行了反驳——为什么把上帝塑造成有形的并放入一个特定的地方的原因，这样，他就可以反证上帝是某种实体和位格了。我们必须证明，上帝是一个位格，也就是说，一个心智实体。我们必须严格地证明，祂感觉到了自己对自身的作用，因为没有什么比同一存在者能够感觉到自己对自身的作用并受自身影响更可惊叹的了。

我们必须以最严格的方式解开与连续体的构成有关的整个迷宫（参见弗洛蒙的著作），**14** 同时必须讨论接触角；**15** 因为这种争论不是几何学者所关心的，而是形而上学家所关心的。我们必须弄清楚，是否可以证明存在着某种无限小却并非不可分割的事物。如果这种事物存在的话，那么就会产生许多与无限相关的奇妙结论。换句话说，如果我们可以设想另一个无限小的世界的受造物，那么与它们相比，我们就是无限大的。由

【475】

103

此可以明显看出，相反，如果与另一个无限大但却有限定的世界的居民相比，我们可以被设想成无限小。由此显而易见，无限——正如我们通常所假定的那样——并不是无限定。这种无限更应该被称作不可测量。[16] 此外，还有这样一个奇妙的结论：有人活了无限多年，但有可能才刚开始活，而有人活了许多年，比任何有限的年数都要长，有可能在某一时刻死去。我们可以由此推知，有无穷大的数。[17] 如果一种液体实际上被分割成无限多的部分，那么我们也可以证明无穷大的数必然存在；因为如果这是不可能的，那么这种液体也就是不可能的。

[29] 正如们看到的那样，关于无限和无限小的假设令人惊叹地协调一致，并且在几何学上是成功的，这也增加了它们确实存在的可能性。

任何人都无法理解所有的可能事物[18]，因为它们蕴含着矛盾。最完满的存在者就是包含最多的存在者。这样的存在者是能够有观念和思想的，因为观念和思想就像镜子一样，能够使事物的多样性倍增。因此，上帝必然是一个能思者，即使祂不是一个思想一切事物的存在者，[19] 祂也会因为这一事实而更加完满。全知全能的存在者是最完满的。能思的存在者是必然的，所以某些不存在的事物至少是被思想了——即那些值得被思想的事物而不是其他别的事物。因此，尽管一切可能事物都是可思想的，但有些事物还是会被选中，而且真的被思想。

【476】 关于事物的和谐，有许多美妙的发现和巧妙的想象。令最

完满的心灵最愉悦的就是最和谐的。如果上帝是一个心灵和一个位格，那么我们在这里就应该坚持认为，对于上帝和其他心灵来说，凡是可以被证明是最好的共和国的，其国王就是最有智慧和最强大的。因此，世界上没有人需要不幸福，除非有人想要不幸福。此外，我们似乎可以很轻易地推出，没有人应该一直不幸福，除了那些想要一直不幸福的人。由此可见，任何人都没有抱怨的借口。对于信仰上帝、爱上帝、信靠上帝的人来说，一切事物都是善的。一切事物不仅一般来说是善的；它们对理解这一点的人来说尤其是善的。在我看来，永恒的诅咒和事物的和谐并不矛盾。诅咒有可能无限绵延，但不是无止境的，[20] 而这种可能性与事物的和谐一致。你所喜欢的任何心灵都应该经历一切变化，应该有时是不幸的和邪恶的，这似乎并不可信；[21] 再者说，所有的命运似乎也不应该被放在同一水平上。因为在我看来，凡是有智慧的人理解了的、但却不喜欢的事，必不讨上帝的喜欢；因为在我看来，按照定义，有智慧的人应该感到满足。但如果有智慧的人知道他在某个时候会不幸，或如果他对自己是否已经不幸过或将来是否会不幸感到质疑，他是不会感到满足的。除非我们说，这只能被理解为过去的事，现在，任何有智慧和幸福的人都必定确信，他将来永远不会无知或不幸。所有的故态复萌都表明故态复萌的人不是真正有智慧的人。因此，所有的幸福都是无止境的，任何不幸都不是无止境的——尽管它可能是永恒的。因此，蒙福之人幸福的时间要比被诅咒者不幸的时间长。上帝的恩典在于祂把意志

[31]

105

赐予了人；因为幸福在一个有着善的意志的人的能力范围内。那些认识到这一点的人不会抱怨，因为他们不得不承认，如果他们想要幸福，他们就会幸福。这就足够了；任何超出这一点的探索都是荒谬的、空洞的，并将无限进行下去。那些被诅咒者似乎会陷入这种诡辩，并且会因为上帝没有赐予他们以意志而对上帝感到愤怒。

每个心灵都有着无尽的绵延。每个心灵都不可分解地被植入物质中；这种物质有一定的大小。每个心灵周围都有一【477】个涡旋。世界上所有的球体或许都被赋予了一个心灵，而心智似乎也并不荒谬。这里有一个障碍，那就是它们没有足够的不受限的运动；[22]但是，既然它们了解自己的职责，并通过它们所感知到的形体的相互影响来与上帝沟通，那么它们就不会以各种各样的运动为目标。到处都有不可胜数的心灵；甚至卵子在受孕之前就有心灵，即使它从来都没有受孕，心灵也不会消亡。我们并没有认识到天意注定的事物的奇妙用途。

任何正确理解这些事情的人都不会不幸福和不满足，他无论陷入怎样的邪恶，都会信靠上帝和爱上帝。我知道没有人比我更幸福，因为上帝给了我这种使我不嫉妒君王的理智；我确信上帝特别关照我，也就是说，我确信祂已经为我的心灵安排了无限的欢乐，因为祂为我打开了一条如此确定而又简单的幸福之路。这里也不需要神迹来解释上帝的恩典，尽管许多罕见的事情都以这样一种方式得到了协助，即

106

它们的发生显然是出于上帝的决定。因为上帝从一开始就以这种方式对一切事物进行了安排。我认为，心灵注定会获得无与伦比的快乐和意想不到的幸福，就像我对那些提供意想不到的定理的无穷大数另眼相看一样。在全部有穷大的数中，去发现我们是否可以确定哪个数字最美妙（这个数字有可能是同时代表一切力量的数字1）**23**，这将是一个需要仔细研究的问题。

有穷大的数的数目不可能是无限的；由此可推知，按顺序从1开始，有穷大的数的平方的数目不可能是无限的。由此似乎可以推知，无穷大的数是不可能的。我们似乎只需要证明，有穷大的数的数目不可能是无限的。如果我们可以假定数字连续地以"1"为单位增加，那么这种有穷大的数的数目 [33] 就不可能是无限的，因为在这种情况下，数字的数目等于那个最大的数字，而这个最大的数字被认为是有限的。我们应该回答说，没有最大的数字。即使它们不是以"1"为单位增加，但只要它们总是以有限大的差值为单位增加，所有数字的数目与最后一个数字的比就总是有穷大的值；① 而且，最后一个数字也将总是大于所有数字的数目。我们由此可以推知，数字的数目并不是无限的；因此，单位的数目也不是无限的。所以，不存在无穷大的数，也就是说，这样一个数字是不可能的。

---

① ［莱布尼茨注］更确切地说（注意），我们证明了这样一个数列是无穷尽的。

4. 论灵魂之座

A, No.61

1676 年 2 月

【478】 六年前，汉诺威公爵殿下，[1] 一个习惯于沉思宗教的人，指示博纳伯格 [2] 询问我对肉体复活的看法。我把这些都写进了一篇短文，[3] 然后寄给了公爵。近来，也就是 1676 年 2 月，我偶然间发现了（多亏了克诺尔 [4] 的书信）波义耳 1675 年发表的一个作品，即《关于复活的可能性》，[5] 其中有许多观点与我的观点惊人地一致。然而，波义耳把主要精力都放在了化学说明上；我则对困难进行了更加精确的探究。我认为实体之花 [6] 是我们的身体。这种实体之花在一切变化中永恒地存在；拉比们的"鲁兹骨"（Luz）预示了这一点。[7] 由此不难看出，为什么生啖人肉的食人族 [8] 对实体之花无能为力。这种实体之花散布全身，但它在某种意义上却只包含形式。我谈到了博雷尔在《显微镜观察》[9] 中关于樱桃树的外形包含在果仁的外壳中或野生果实的外壳中的说法。[10] 我还谈到了哲学家之树，以及一个英国人在法国期刊上发表的关于可塑力 [11] 的文章——可塑力只不过是一种有一定形状的能动的实体，当它能增强时，它就

【479】 会增强。这种力量似乎在受孕之前就存在；在受孕时，它只是被赋予了成长的能力。我还谈到了谢克（Sheck）、戴维森（Davisson）以及其他人关于可塑力的论述。[12] 我在这里只想补充波

108

义耳未曾注意到的一点，那便是灵魂似乎牢牢地被植入了这一实体之花。我们会看到佩罗将如何反驳马略特（Mariotte）关于灵魂之座的观点。[13] 然而，如果还有必要解释一下其余的 [35]
质量的恢复——不过，没有必要，因为它绝大部分是土（看看我们从这一点可以就圣餐的水、酒和面包得出什么样的结论；经院哲学家们）——那么我要说的是，这也许就发生在常见的溶解中。我们可以通过一个显着的实验以一种奇妙的方式来展示这一点。如果各种各样的盐溶解在同一水中，那么属于同一种类的个别的盐就会不受干扰地重新组合。但是，在 4 种盐中可以完成的事情，在 1000000000 种或更多种盐中可以更细微地完成；现在可以这样来假定它们吗？这种情况经常发生在任何一种盐中，也经常发生在任何一个人身上——也就是说，在更微妙的溶液中，在较短的时间内，一切都可以通过结晶重新结合。以食人族[14]为基础的论证是推证性的，因此必须承认实体之花。我在这里还谈到了李巴乌（Libavius）、奎塞塔努斯（Quercetanus）以及基歇尔关于复活的说法；[15] 还谈到了格劳伯关于硝石再生的说法；还谈到了 [手稿在此中断]

5. 论灵魂与身体的统一

A, No.62

1676 年 2 月？[1]

佩罗先生认为，灵魂均等地存在于整个身体，感觉发生于 【480】

109

感觉器官（sensorium），**2** 发生于眼睛，发生于脚，等等。

就我而言，我会认为有一种液体，或者如果你愿意的话，有一种稀薄的实体，它弥漫于整个身体，是连续的。通过它，灵魂能知觉；它能使神经膨胀、收缩和扩张。说这种实体的每一部分都是有生命的，这实在令人难以置信；因为既然有些东西不断地飞离，那么灵魂也将会增长和分裂。一种事物会有不止一种活动和受动，这是无法理解的。**3** 但是，如果灵魂同时存在于若干事物中，也就是说，在若干地方起作用，那么它就会同时有若干不同的作用。如果有人假定液体的两个部分的结合受到了妨碍，那么我也就看不出结合是如何发生的；因为谁不晓得这样的话灵魂就会变成两个？就像加的斯海峡被堵住了那样。所以，我会认为在液体中，就像在燃烧的蜡烛中，存在着运动和扩张的源泉。此外，当灵魂观察自身的涡旋时，每一种旋涡似乎都是在脑腔中进行的。显象 **4** 本身只是受压力作用的液体的波动。即使把每一种波动与其他波动放在一起，它变得难以察觉了，它也永远保持不变。而灵魂本身却在搅动着涡旋——这简直太奇妙了。不过，它就是这样做的，因为我们并不是像一台简单的机器那样行动，我们的行动出于反思，也就是说，出于对我们自身的作用。或许天体的整个涡旋也是被同样的灵魂所激活的，正是出于这个理由，这个系统的法则得到了遵守，所有的事物也都得到了补偿。整个世界是上帝的一个涡旋。**5**

[37]

6. 论积量

A, No.64

1676 年年初？ **1**

积量、比、数字、整体、部分、量度、估价、价值、价　【482】
格、优点与(如果允许使用这个词的话) 缺点 **2** 都是有联系的。

我们必须考虑到积量存在于处所、时间、形体、运动、角
度、质量、德性、数目、比之中。

积量与整体有一定的关系，它似乎就是那种我们借以知道
某物是否为整体的东西。因此，如果有人给我带来了钱，我知
道钱的数量，我很容易判断他是否带来了全部的金额。但仍然
有一些令人费解的地方。因为如果一个事物，甚至是一个未知
的事物，与同类很不一样，我们可以从它的量来判断它不是
一个整体。因此，如果有人给我带来了一只少了一只脚的动
物，**3** 如果我知道它是一只四足动物，我很容易判断它是不完
整的。

我曾经把积量定义为部分的数目，**4** 但后来我觉得那毫无
价值，除非已经确定部分彼此相等，或有一个给定的比。但
是，积量却进入了相等或比的定义，所以那将是用某种东西来
定义它自身。

经过多次尝试，我似乎找到了最合适的积量的概念，那便
是：量或积量是那种某一事物（所谓的"偌大"的事物）据以

被认为能够与另一事物叠合（也就是说，能够被置于同一边界内）的东西。因为我认为，那些在同一边界内的事物是"叠合的"。因此，如果某条弧展开时与一条 3 英尺长的直线叠合，那么这条弧的量就是 3 英尺 **5**。如果另一物（正如这里的 3 英尺长的直线）用第三个事物的数目或比来表示，比如，1 英尺，那么第三个事物——这里的 1 英尺——将被称作"量度"。量度要中等大小，经久耐用，使用方便，操作简单，这一点很重要。

[39]　　数，如果仅仅理解为整数和有理数，就是一个由 1 构成的整体。但如果从更一般的意义来理解，它也包含分数和无理数，那么它将是一种与 1 同质①的量，就可以在与 1 的关系中来理解。（在这里，需要注意的是，由于一个数有一定的量，而数本身就是一种量，所以就会有量的量，就像比的比一样。）

【483】　　比是一种由两个规定的量的关系表示的与数或 1 同质的东西（因为 1 的意思就是相等）。所以，说比是一种特定的关系，并不是要表达它的意义。那些懂分析的人都知道比是与数同质的东西，可以对它进行加减。因此，如果 $\frac{a}{b}$ 是 a 与 b 之比，那么 1 就是 $\frac{b}{b}$，即 b 与 b 之比。所以，$1+\frac{a}{b}$ 就等于 $\frac{b}{b}+\frac{a}{b}$，或等于 $\frac{b+a}{b}$。

比例是比值相等的式子。我们可以由此认为，在计算中所表示的比例只不过就是某些分数的等式。**较大者**的部分等于另

---

① ［莱布尼茨注］关于同质的术语，见下文。

一个整体（所谓的"较小者"）。由此可以证明这一定理，即整体大于部分。[6] 我们从这一点可知，每一个命题，无论它是偶然命题（比如，以经验为基础的命题），独断性命题（比如，定义），还是同一性命题（比如，任何事物都不可能同时既存在又不存在，任何事物都等于自身，等等），都是可推证的。

规则是一种行动的工具，它通过活动主体对工具的各个部分不断的、连续的运用来决定行动的形式。[7] 圆规是一种行动的工具，它决定了行动的形式，但不需要连续不断地运用圆规的各个部分。所以，迷宫中的一条路线，平原上的一条小径，都是行动的规则。规则也可以是弯曲的；比如，如果我把一支笔放在一个圆滑的球上，用手绕着这个球移动，这个球就会成为我的规则。如果皇帝对一个大臣下达的离境指令是这样写的，即这位大臣在行动中只能按顺序执行指令，那么它就是一个规则。因此，当戒律的顺序与行动的顺序不同——虽然可以通过正确的推理从戒律的顺序中推导出行动的顺序——时，有可能存在一种法则，它并不是规则。

整体是那种可以被理解为其本性中包含有若干被称作"部分"的同质性事物的东西。 [41]

那些以不同的方式共同拥有某种**通过自身**可以理解的形式或本性的东西是同质的。比如，广延、质量、绵延、运动、思想。由此可见，白色和黑色是同质的，因为它们有着某种共同的本性，即质量或物质性。但颜色并不是某种**通过自身**可以理解的东西，即使它是**通过自身**被设想出来的；因为它无法被清楚地设想出来。不过，这些问题都太微妙了，无法在这里解释。**8**

【484】　绵延是存在的连续性。时间不是绵延，正如空间不是并置一样。如果说一天是绵延，那将是荒谬的，因为恰恰相反，我们都说蜉蝣只持续一天的时间。时间是某种连续的东西，我们根据它来说某种东西持续。但为了更清楚地解释这一问题，我们必须记住，首先应该归属于时间的性质是若干事物被理解为同时存在。**9**

那些可以被心灵的一个活动所感知到的事物是**同时的**。但是，既然心灵活动本身有一定的限度，那么我们必须考虑一下我们是不是不应该说那些事物是"同时的"，即如果一个存在，另一个也存在。

的确，人们普遍承认，如果两个事物是这样的，即如果没有其中一个事物，另一个事物便不可能被理解，那么它们就是"同时的"。当然，如果我们全知，也就是说，如果我们是神，我们就会很容易看到，那些由于我们的无知现在看来偶然地同时存在的事物，实际上由于它们的本性，即由于神的理智的必然性而共存。不过，这些问题必须更准确地加以讨论。因为这些事物的有些概念根本无法解释，它们都是**通过自身**可以理解的简单概念。

永恒，如果被设想为是某种与时间同质的东西，就会是无限的时间；但如果它被设想为某种永恒的东西的属性，它就会是贯穿无限时间的绵延。但是，永恒真正的本源和内在的本性是必然存在，而存在本身的必然性并没有任何接续的意思，即使永恒的东西会与万物共存。

就像绵延一样，广延也有一种**通过自身**可以理解的简单形式，它的观念存在于我们的心灵中，因此它是无法解释的。因此，就事物被称作"广延物"而言，广延**本身**只属于事物，但是，就那些包含其他别的事物的事物而言，广延处在一种秩序关系中，被称作"处所"，当然也可以被称作"空间"；至于空间，我们认为事物是有其位置的，可以同时被知觉的，彼此之间是有距离的、有形状的。但要解释这些问题，需要更深刻的沉思。此时，只要注意这一点就够了：不可测量性对应于永恒，正如永恒本质上并没有接续的意思一样，不可测量性也没有广延或部分的意思。我们还要注意的是，处所不同于形体，正如时间不同于存在的事物一样；再就是，我们还应该注意这一论证，笛卡尔及其追随者正是通过该论证证明了这一点，即既然空间本身是有广延的，那么它就是可分割的，因此也就是可移动的，而且确实是一个形体 **10**——同样的论证将证明时间的部分是可分离的，一个小时可以从另一个小时那里移开，但这与我们所拥有的时间观念相冲突。

[43]

7. 关于科学和形而上学的笔记（节选）

A, No.36

1676 年 3 月 18 日和 3 月 22 日

1676 年 3 月 18 日

假定空间是有部分的，也就是说，当它被形体分割成空的

【391】

和满的或各种形状的部分时，那么空间本身就是一个整体，或一个**偶然的**存在物，它不断变化，时而变成这样，时而变成那样，也就是说，它的部分发生了变化，有的部分消失了，其他部分取代了它们。但是，在空间中，有一些东西在变化中保持不变，它是永恒的：它只不过就是上帝的不可测量性，即一种不仅一体的、不可分割的而且永恒的属性。空间只是这种属性的表现，就像性质是本质的表现一样。我们可以很容易证明，物质本身永远都在消亡，或者说，时而变成这种事物，时而变成那种事物。同样，我们也可以证明，除了我们身上神圣的东西或来自外部的东西之外，心灵也在不断变化。总而言之，就像空间中存在着某种神圣的东西，即上帝的不可测量性，心灵中也存在着某种神圣的东西，亚里士多德习惯称之为"主动理智"，**1** 它就是上帝的全知；正如在空间中神圣和永恒的东西就是上帝的不可测量性，以及在形体中，也就是，在可移动的存在物中，神圣和永恒的东西就是上帝的全能一样；正如在时间

【392】中神圣的东西就是永恒一样。一种属性可以非常好地用于解释另一种属性；因为永恒既然是存在的必然性，它就没有接续、绵延或可分性的意思，那么它也就是某种不可分割的东西。同

[45] 样，全在或无处不在也不像空间那样可分割；全能也不像形体的形式那样受变化的影响。

这些东西都是非常值得注意的，因为它们表明只有上帝是永恒的。因为如果空间不是永恒的，那就更不用说物质了。毫无疑问，物质永远都在不断地时而变成这个事物，时而变成那

116

个事物；因为正如我在别处根据万物的个体化原则所指出的那样，物质只存在于关系之中。**2**

任何可分割的、被分割的东西，都会被改变——或确切地说，都会被摧毁。物质是可分割的，因而是可摧毁的，因为任何被分割的东西都会被摧毁。任何被分割成最小部分的东西都会湮灭；但这是不可能的。另一种湮灭的方式倒是可能的。在某种意义上，物质从形式中得到了它的存在。

在物质中，就像在空间中一样，存在着某种永恒的、不可分割的东西；那些相信上帝本身就是事物的物质的人似乎是这样理解的。**3** 但是这种说法是不对的，因为上帝并不是事物的一部分，而是事物的原理。完满是一种肯定的绝对属性，**4** 它总是包含着它自己的属的一切，因为没有任何限制它的东西。因为如果有一个事物，你要赋予它某种东西，而你又没有任何理由只是赋予它某种确定的东西，**5** 那么你也就把一切都赋予了它。

由于心灵是某种与物质的某一部分有某种关系的东西，那么我们必须说明，为什么它延伸到物质的这一部分，而不是所有相邻的部分，也就是说，为什么只有某一个形体隶属于它，而不是所有的形体都以同样的方式隶属于它。我们不妨假设，有一部分物质，它是不间断的，并且四周被真空所包围；我们不妨说，它就是那部分由于与其他部分相分离而自身有某种心灵的物质。现在我们不妨假设，它与就像一个漂浮在 **【393】**

117

真空中的岛屿一样的另一部分物质接触；仅从这种接触便可推知，这两个心灵将合二为一，因为它们之间没有插入真空，由此可以推知，这两个心灵的思想将会融合在一起，它们中的每一个——先前的和后来的——都会同时记得自己，但这不太可能发生。但是，如果你认为这种接触会产生一种新的心灵，因为形成了一个新的形体，那么我们就不得不说，先前的那两个心灵已经毁灭了，因为那两个形体也毁灭了；而如果你认为，即便形体消亡了，它们还是被保存了下来，那么任何形体中有多少可赋值的点，就会必定有多少心灵——但这是不可能

[47]　的，因为有无数的点。这一推论显而易见；因为如果就这种把新的整体分割成部分的方式，我们可以这么说，那么就一切，我们也可以这么说。因此，当先前的心灵消亡之后，一个新的心灵必然产生，也就是说，一个对先前的心灵没有认同感的心灵必然产生。我认为，这与思想的本性相悖。此外，这样一来，心灵就会毫无困难、毫不费力地发生改变，而且思想会遭遇与早前的思想明显不一致的其他思想，但我们一辈子也不会有这样的体验。因此，既然基于其他理由，我认可物质中存在某种坚实的、牢不可破的部分，**6** 并且不承认任何东西能在物质的本原中把事物结合在一起 **7**——我认为这一点很容易被证明；而且，既然我认为我已经在别处令人满意地表明了① 联系不可能仅仅根据物质和运动来解释，那么，我们便可以由此

_____

① ［莱布尼茨注］错误。

推知，思想进入了物质的形成，并产生了一个一体的、不可分裂的 **8** 形体，即一个无论大小、无论何时都有一个单一的心灵的原子。此外，自然界中有多少坚固的形体，就必然有多少涡旋被搅动了起来，这完全是由坚固形体的运动引起的。而世界上有多少涡旋，就有多少心灵，或者小世界，或者知觉。由此我们可以很容易理解，为什么任何心灵都无法被自然地分解；因为，既然事物的整个本性就是不断地努力分解所有的心灵，而如果它能够被自然地分解的话，它早就被分解了。我们可以由此推知，即便心灵没有被分解，心灵也能感知到所有的努力，**9** 并通过它的形体来接受它们。我们进一步可以推知，在宇宙中，任何努力都没有丢失；它们并没有被摧毁，而是被储藏在了心灵中。心灵获得了对真理的认识，获得了提出命题的能力；此外，它还获得了以类似的方式不断重复出现的某些激情。因为我们只能从经验开始推理。每 **【394】** 一个心灵都是有机的，都能学到一些东西，但困难重重，而且需要很长的时间，也就是说，要根据心灵所感知到的事物的重复出现来学习。如果我们的感觉在很长时间内都是不连贯的、混乱的，就像病人的梦一样，而且有些感觉没有按照某种规律重现，那么我们在很长一段时间内都将是婴儿。灵魂轮回被最近关于预先形成的胎儿的实验充分驳倒了。**10** 记忆仅仅依赖于器官，还是像思想一样需要符号和影像？不可否认，某种心灵与另一部分物质有着更特殊的关系；我们必须解释一下这是怎么得出的。

1676 年 3 月 22 日

我也许是第一个证明了这一点的，即所有肯定的属性都属于一个存在者，这是可能的。由此可知，它是存在的；因为存在也是一种肯定的属性。再就是，我证明了，一切肯定的属性都是相容的，这仅仅是因为它们是绝对的、纯粹的和无限定的。因为如果它们受到了限定，它们就不是肯定的了，而是某种程度上否定的了。而绝对存在就是永恒或必然。由此可直接推知，这样一个存在者不仅存在，而且必然存在。此外，这样一个存在者显然是唯一的。因为如果两个无限制的存在者在号数上不同，它们在种上也将不同；因为它们必定不同。托马斯·阿奎那以充分的理由断定，**11** 如果与物质相分离的实体（只有上帝是这样）有几个，那么它们在种上也将不同。

如果有人持异教的观点，认为上帝甚至可以做那些被我们证明是不可能的事情，那么我会这样来使他改变信仰。"来吧，我的朋友，"我会说，"我们不去谈什么事物和真理，我们来谈一下语词和命题：因为语词通常不仅被拿来说和写，而且还存在于我们心中。我要你同意解释你的语词的意思，并且一旦给了它们某种意义，你同意始终如一地使用它们。一旦这一点被给定，我会立刻告诉你，你不能说（比如）3 乘以 3 等于 10，即 2 乘以 5，除非你以不同于你已经同意的方式使用语词。你不应该使用任何这样的命题，即使在心灵中也不应该使用，除非你愿意同时既陈述某一事物，也陈述它的反面，即破坏语词的使用；因为这样的话，说任何你喜欢的话都同样合法。因此，按照惯例使用语词的意义就在于：在赋予语词某一意义之后，我们永远不就它们给出与该意义相冲突的断言。要不，我们就是在假装说话，无益地说话，因为我们不愿被人理解，不愿受某种明确的规则的约束。因此，我以这种方式立即推翻了那些命题。我现在假定你有这样一种力量，即（我会说）如果你能的话，不用语词或符号就说出这样的命题。但我知道你不能。因为只有真正的命题 **12** 才有能够被剥离符号的性质；至于其他命题，如果没有符号，任何人都无法理解它们或形成它们。**13** 但由于这种情况已经被一致的同意所摈弃，所以如果一个人愿意在他的谈话中与我达成必要的一致同意，并随后坚持他所同意的，那么他的心灵将永远不会包含虚假命题，也永远不会同意它们是正确的。由此可以明显看到，符号的用途有多大；因为仅凭符号，一个无论多么固执的人，只要他在谈话中达成了必要的一致同意并遵守这些一致的同意，就有可能被说服。"

【397】

8. 对个体化原则的沉思

[51]

A, No.67

1676 年 4 月 1 日

对个体化原则的沉思。**1** 我们说结果包含它的原因；换句话，那也就是说，无论是谁，只要完全理解了某种结果，他也会认识到它的原因。因为完整的原因和结果之间必然有某种联

【490】

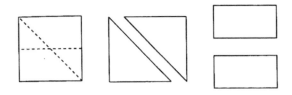

系。但另一方面，有这样一个障碍：不同的原因可以产生完全相同的结果。比如说，无论是两个平行四边形还是两个三角形，以适当的方式放在一起（正如这里清楚看到的那样），显然都产生相同的正方形。这两种情况无论以何种方式都不能被区别开来，即使是最聪明的人也不能区别开来。因此，假定是这样一个正方形，那么没有人——即使是最聪明的人——能够发现它的原因，因为这个问题不确定。因此，结果似乎并不包含它的原因。所以，如果我们能从其他方面确定，结果确实包含它的原因，那么产生正方形的方法就必须始终在已经产生的正方形中是可辨别的。所以这样的两个正方形不可能完全相

【491】 似，因为它们将由物质构成，而物质将具有心灵，心灵将保持其先前状态的结果。事实上，除非我们承认有两个完全相似的事物是不可能的，否则我们就会推知，个体化原则在事物之外，在它的原因之中。我们还可以推知，结果并不包含与其特殊理由相符的原因，而只是包含与其个体化相符的原因，因此一个事物与另一个事物本身并没有不同。但如果我们承认两个不同的事物在某些方面还总是不同，我们就会推知，在任何物质中，都存在着某种东西，即心灵，它保留了前因的结果。从

这一点也可以证明，结果包含原因。因为它确实是由这样一个原因产生的；因此，直到现在，它都有一种使这一切发生的质，**2** 而这种质，虽是相对的，但却包含着某种与它有关的实在的东西。由此可见，这样的小前提会产生多么巨大的后果。

这个论证非常精细，它证明了物质并不是同质的，也证明了我们除了心灵之外实在想不出任何使物质有差别的东西。既然我们最内在的心灵既存在于它本身中，也存在于物质中，那么任何无法以某种方式被我们所理解的东西也就不能被引入它们。这是一个非常重要的原则。 [53]

9. 论思想的要素

A, No.70

1676 年 4 月上半月 **1**

你早就该证明这一点了：**2** 如果确实有某种完美的推证，即任何东西都有证据的推证，那么就必然存在思想的要素，因为一旦一切都被分析过了，一个推证就会是完美的。但我现在注意到，这种说法是错误的，因为一个推证只要得出同一性命题，它就是一个完美的推证，即使并非一切都被分析过。**3** 因为即使不是最简单的词项，比如，可被 3 整除的抛物线，也可以为自身辩护。另一方面，确定无疑的是：如果有思想的要素，那么也就有确定性知识，也就是说，一切都可以得到推证。反过来说，如果一切都可以得到推证，那么似乎也就有某 【504】

123

些思想的要素。

【505】　　所有的诡辩，无论是古人的还是近人的，皆起因于扭曲的说话方式。无可争辩的是，如果有人想说话，他首先应当用一个语词来解释他所理解的东西，并遵循这一法则：当用定义替代被定义的词项时，不会产生矛盾。他应该指出，与此恰好相反，当用定义替代被定义的词项时，就会产生明显的或必然的东西。最明显或必然的是，一切事物是其所是，或，非其所非。我并没有说过这种东西真的存在，但我确实说过，在人们确立了这些言语规则之后，我们称这种命题为必然命题："A是A""A不是非A""如果A是BC，C是DE，那么A就是BDE"**4**。凡与之相一致的，都被认为是真的。①

　　我称"A是B"或"A不是B"为命题。我称"A"为主项，"B"为谓项，"是"为系词。通过"A"和"B"可以理解任何主格形式的名词。"是B"可以用一个动词来表示；因此"是有感觉的人"，也就是，"有感觉"。至于"是"，有时我们也可以说"曾经是""将来是"；但在这里暂且抛开不谈，我们还是回到简单的"A是B"或"如果A是B，那么C也是D"等命题上来。

　　"命题"即"A是（不是）B"，"C是（不是）D"，"如果A是（不是）B，那么C是（[不是]）D"。

[55]　　"推理"就是通过用一个给定命题的某个词项替代另一个命题的谓项，从而从其他给定的命题中得出一个命题。

---

① 原文中，莱布尼茨在"被认为是真的"上方又加上了"必然"一词。

"使人确信"就是从被给定的东西中进行推理。

"推证"就是从应该被给定的东西中进行推理。

那些彼此交谈的人都同意给定那些"应该被给定的"命题，以便他们能够与自己和他人进行有效的交谈。为了达到这个目的，说话的人有必要通过含义为人所知的其他符号来解释他所使用的符号；而且，一旦一个人接受了一个定义，他就应该宣布他将始终如一地使用它，[5] 然后他还应该说，他将允许用这个含义来替代被定义的词项，而通常情况是，用谓项替代主项。反过来，如果听者想和对方说话，他就必须同意这一点。因此，有一些命题，完全是出于说话的需要，才应该被给定。 **【506】**

"定义"："A 是 BC"，说话人宣称他将始终允许用"BC"来替代"A"。

"绝对的同一性命题"："A 是 A"，"A 不是非 A"。

"假设的同一性命题"："如果 A 是 B，B 是 C，那么 A 是 C。"

重新考虑这些问题是值得的。[6] 人们与自己和他人交谈，有时是无声的，有时是有声的，有时是书面的，有时（如果你愿意的话）甚至是通过点头和其他符号。不加以解释便含义不明的符号，应当予以解释。而解释可以通过其他已经为人所熟知的符号来实现，也可以通过展示想要让人们知晓的事物本身或它们的例证来实现。并且那解释符号的人宣称他将在一段时间内按照他所解释的意思使用它。这种用语词做出的解释便是"定义"。但是，使用语词不仅意味着它们有意义，而且意味着它们为了某人而有意义。正如我们有这样的经验，即我们和其他人将那些有着特定用法的、可以用其中一个替代另一个的语词结合在一起，并称之为"命题"（因为说"A 是 B"就相当于说"我允许'B'替代'A'"），我们因此还试图使其他人和我们自己（这样我们就把别人看成了我们自己）在将来总是以同样的方式将语词结合在一起。因为这样一来，将来思考和交谈就没必要那么费力，我们就能立即把各种不同的事物联系起来。而这样做就是"证明"。在这里，"证明"一个命题就是让某人始终如一地使用它，也就是说，让他用谓项替代主项。这可以通过两种方式来完成：要么通过推理，要么通过明示。"推理"就是从其他命题中得出一个命题，即用某个命题所设定的某个词项来替代另一个命题的谓项。如果所假定的命题被给定，推理就会"产生确信"[7]；但如果它们应该被给定，推理就是一种"推证"[8]。这些命题应该被给定，因为如果它们不被给定，说话就会徒劳无获：即"A 是 A"，"A 不是非 A"，以及"如果 A 是 B，A 就不是非 B"。因为如果这些命题不被给定，我们就说不出任何确定的东西，也就说不出任何公平正义的东西。进一步说：[9]"如果 A 是 B，B 是 C，那么 A 也是 C"，因为这就是我们形成命题时的意图，即谓项可以替代主项。再就是，假定"BC"是"A"的定义，那么"A 就是 BC"，"BC 就是 A"。最后，每当我自己跟自己说话时，我必须假定这一命题："我意识到了这个或那个东西，即我所感觉到的东西。"所以无论以这种方式证明了什么，我们都将称之为真。

[57]

[507]

126

10. 论真理、心灵、上帝和宇宙

A, No.71

1676 年 4 月 15 日

在我看来，原初真理是那些无法被证明的真理，比如，【508】
"我拥有这样那样的显象"**1**，"A 是 A"，以及定义。从对显象
的知觉，我们既可以推知我存在，也可以推知各种各样的显象
是有原因的，即知觉的多样性是有原因的，这种原因不同于我
知觉思想时知觉到其形式的那种东西。但我承认，"我思"这
一命题必须最先出现在哲思的次序当中；也就是说，如果将原
初真理按次序排列，它将是第一真理。因为从一个经验性的原
初真理的主项出发比从它的各种各样的谓项出发要简单得多。
笛卡尔并没有将他的分析深入到最深层，即原初形式；也就是
说，他没有从上帝开始。**2**

"我清楚明白地知觉到的东西为真"**3**，这一命题无法被证
明，除非它被证明为"每一个同一性命题都为真"，以及"定
义就是对定义的断言"。所以笛卡尔没必要担心，会有某种存
在者欺骗我们，或允许我们被欺骗。与此同时，我们必须承
认：对于那些冗长的，以至于无法用心灵的一个行动来全面考
察的推证来说，我们只有盖然的确定性。因为我确实在清楚明
白地知觉某事物，并且我现在确定无疑；但我并不确定我是否 [59]
已经清楚明白地理解了一切。这就好像我要在纸上写一个冗长

的计算，在这里，我只能通过连续的恒等式链条进行，即通过值的替换进行。假设我是这样做的：在有限的计算中，我怎能确定我总是这样做的呢？因为这个问题取决于我的记忆是否可靠，但记忆是容易出错的。我可以再计算一次，如果结果和之前的一样，那就有很大的盖然性，但并没有确定性。即使我把我的计算写在纸上，我也不能获得绝对的确定性，因为我不能绝对地确定任何一张纸的存在。即使我经常重复这个过程，但每一次重复也都会遇到同样的困难，尽管重复出现的内容的一致是一个很好的论据。[4] 然而，一切都只是盖然的。

既然使我们断定物质事物存在的不过就是我们感知的一致，那么我们就有充分的依据来断定，即我们除了按照某些特定的其理由（我承认）仍有待探索的法则感知到物质之外，不能把任何东西归因于物质。

【509】 笛卡尔说，一切事物都要被清楚明白地理解，一切事物都要被适当地分割成若干部分，等等。[5] 但他却没有解释该以何种方式和方法来完成这些事情。既然所有这些事情的真正法则是我们应该表现得我们好像是要把我们的思想记录下来并加以固定似的（这对机器和图画来说都是有用的），因此让我们来分析一下我们在内在言语中所使用的特殊词项，让我们来寻找一下定义，以及定义的各个部分的定义，直至无法定义的词项。如果有人使用任何类型的定义，只要他用其他几个语词来取代某一个语词，并以同样的方式重新分析它们，只是留意被定义项不要进入定义，然后以这种方式进行下去，直至那些无

法被解释的事物，也就是说，直至那些被感知到的事物或那些无法被任何人甚至我们自己以更大的确定性证明其存在的事物，那么他总是会有收获的，即使他的定义可能并不总是与通俗的用法一致。为了推证定理，并非总是有必要对终极的东西进行分析。[6] 这是最重要的选择术——即我们不进行不必要的进一步分析。

在我们的心灵中，有一种对自身的知觉或感知，就像对某一特定的事物的知觉或感知一样。它总是在我们心中，因为只要我们使用一个语词，我们就会立刻意识到这一点。只要我们想，我们就能意识到我们知觉到了我们的思想，也就是说，我们能意识到我们刚才思想过。因此，理智的记忆主要并不在于我们所知觉到的，而在于我们知觉到了——即我们是那些感知者。而这就是我们通常所说的"同一"，我们的这种能力独立于外在的事物。我看不出，一个人或一个心灵怎么能在这些反思还存在的时候就死去或消亡。有的事物保留在它的样态中——不是作为保留在空间中的广延本身，而是作为某种特殊的、被赋予了特定样态的、知觉到了这样或那样的东西的事物。正如我们已经注意到的那样，这种对自身的特殊感知没有其他特征；当我长时间的思考和反思我自己，不断对反思进行反思时，我会对这种往复运动感到惊奇和惊讶。这种对自身的感知似乎总是存在，因为人们随后就会知觉到是谁知觉到了。如果这就是心灵的本性，而它就在于对自身的感知，那么我不觉得感知可以被阻碍或被摧毁。此外，由于（正如我刚刚说过

[61]

的那样）心灵的同一性没有被某些样态所摧毁，因此很容易证明，它不可能被任何样态所摧毁。所以我的观点是：形体的

【510】 坚固性和统一性来自心灵；有多少涡旋，就有多少心灵；有多少固体，就有多少涡旋；形体会抵抗，这种抵抗就是感觉。换句话说，事物会抵抗那种努力分割它的东西。感觉是一种反作用。形体像心灵一样是不可摧毁的，但它四围的各种器官却以各种方式改变着。一个人似乎应该心满意足地死去。因为我们相信，一个人会坚持他最后的想法。所以我们相信，一个心满意足地死去的人会保持心满意足的状态。**7** 我认为，一切真正的存在物或心灵——只有它们是一——总是在臻于完满；在一个形体中出现的一切印象都有某种无限延续下去的影响；心灵会在一段时间内缩回内心，也许在某一时刻又会回到对外在事物的感觉，一种或许性质截然不同的感觉；世界上所有的球体都会在将来某个时候彼此交流；心灵一旦被带入这个剧场，就会进步得越来越快。所有知觉的影响在未来都将消失，这种说法不可信，即使所有其他活动的影响会永远持续下去，这种说法也不可信；但如果心灵消亡了，这种情况就会发生。所以我不接受斯宾诺莎的观点，即（1）个体的心灵与形体一起消亡；**8**（2）心灵根本不记得之前发生过什么；（3）只有心灵中永恒的东西，**9** 也就是说，形体的观念或本质，即这个形体的观念或本质，才会继续存在，而这也正是心灵中幸存下来的东西。因为，如果这一点被给定了，那么首先，一旦一个特定的心灵消亡了，就不会有新的出现了，因为这个本质已经存在；那么接

下来，时而这种时而那种消亡的心灵每时每刻都会在时而这种 [63]
时而那种本质中终结，最后消亡的残留部分就像中间消亡的残
留部分一样也不属于我们。但我们尤其要考虑的是：幸存下来
的那种东西就绝不属于我们，因为我们不会记住它，也不会对
它有任何感觉，并且为了我们心灵死后的状态而去完善它，我
们只会徒劳无获。因为那终极完满的本质，也就是我们死后幸
存下来的一切，对我们来说毫无意义。因为即使我们不为我们
的完满而劳作，那种本质已经存在，而且现在依然存在，因为
它是永恒的。所以，一个人为了他的心灵的完满而劳作就是徒
劳。相反，我的观点是，不应徒劳地追求心灵的完满，这合情
合理。

在《反异教大全》那一标题为"上帝存在本身是否为人所知"
的章节中，**10** 托马斯·阿奎那提到了一种简单的、被有些人
用来证明上帝存在的论证。其论点是：上帝是不可设想的无与
伦比的伟大的东西。因此，上帝不可能不存在。该论点与其他 【511】
人经常提到的论点一致：即最完满的存在者存在。托马斯·阿
奎那对这个论点进行了反驳，**11** 但我认为，它是不可反驳的，
不过它需要补充。因为它假定不可能不存在的存在者是可能
的，最伟大或最完满的存在者也是可能的。

经过适当的考虑，我们发现只有这一点是确定的：我们感
知，而且以一致的方式感知，我们在我们的感知中遵循某种规
则 **12**。某种事物以一致的方式被感知，也就是说它以一切都
可以给出理由并且被预测的方式被感知。存在就在于此，即在

于包含某些特定法则的感觉。否则，一切都将如梦一般。此外，它还在于这一事实，即几个人感觉到了同样的东西，感觉到了一致的东西；不同的心灵感觉到了它们自己和它们自身的影响。由此可推知，我们自己的感觉和其他人的感觉都是由同一原因引起的。但我们并非必然作用于他们，他们也并非必然作用于我们，我们只是感知到了一致的东西而已；由于原因的同一性，所以必然如此。此外，梦与清醒时的经验并非必然有某种内在实在的区别，只是在感觉的形式或顺序上有所不同而已。因此，我们没有理由去问我们之外是否存在着某种形体，或者说是否存在着空间，以及其他类似的东西；因为我们没有

[65]

充分解释这里涉及的术语。也就是说，除非我们这样说，即我们把任一以一致的方式被知觉到的东西称作"形体"，而"空间"是那种使得几个知觉同时彼此协调一致的东西——所以如果，我经过一段漫长的旅程到达了一个特定的处所，经过另一长度的旅程到达了另一个处所，经过第三段旅程达到了第三个处所，然后再从一个处所到另一个处所，那么根据空间统一的假设，我可以由此推断，我需要多长时间才能从其余的一个处所到达其余的另一个处所。因此，空间观念是这样被认识的，即正是通过这个观念，我们把梦见的处所——也可以说，梦见的世界——与我们置身的处所分开了。既然如此，我们便不能推知，除了感觉以及这种感觉及其一致性的原因之外，还有别的东西存在。但我们可以由此推知，如果存在着其他事物也会在其中显现但却与我们的心灵完全不同的某些特定的心灵的

话，无限多的其他空间和其他世界可能以与我们的空间和世界之间没有距离的方式存在。更进一步说，就像梦见的世界和空间与我们的不同一样，在另一个世界中，也可能存在着不同的运动定律。从这一点可以明显看出，物质事物非但不如其他事物更真实，相反，人们总是可以怀疑它们的存在；或更确切地讲，它们实际上——即在它们本身的存在上——并没有不同于梦的存在，尽管它们在美感上有所不同。当我们从梦中醒来 **【512】**时，我们发现自己的形体而不是自己的心灵得到了更加一致的控制，也就是说，我们生活在最好的共和国；有朝一日，当我们从这种生活的沉睡状态中醒来的时候，我们可能会进入一个更完满的世界。虽然我们在有些时候有可能会再次沉睡，也就是说，我们重新回到这种生活或另一种类似的生活。如果有人问是否存在另一个世界或另一个空间，那他只是在问是否有其他与我们没有交流的心灵。由此可以很容易理解，世界的永恒并不是必然的；的确，这无法从我们的感觉中得到证明。因为尽管某种心灵总是必然的，我们却无法理解某种特定的心灵是如何开始和结束的，但我们始终都能理解这一点，即就有形事物而言，这个世界应该在某个时候开始，也就是说，我们拥有以这种方式协调一致的感觉。

如果某种心灵不思想任何特定的事物，但却思想，那么它就是上帝，或者说，它就会思想万物。如果心灵有可能开始，那么它也将能够终止；正如它是由上帝创造的，它也将回到上帝那里。这种观点与亚里士多德的观点一致，也与那

些谈到普遍理智的人的观点一致。**13** 另一方面，对我来说，任何灵魂似乎都没有开始过，也不可能停止。但心灵仍然是

[67]

由上帝创造的，因为它将通过上帝的意志，也就是说，通过一个善的理智的意志来存在和保持。因为存在就是被理解为是好的。存在是形体和我们心灵的一种含糊其词的说法。我们感知或知觉到了我们的存在；当我们说形体存在时，我们的意思是，存在着某种一致的感觉，它有一个特定的不变的原因。正如数字 3 是一回事，1、1、1 是另一回事，因为 3 是 1+1+1，从这个意义上讲，数字 3 的形式不同于它的所有部分，那么同样，受造物不同于上帝，上帝就是万物，而受造物是某些事物。

假设我们的感觉被研究得越仔细，就越一致，我们可以推知，空间是无限的，世界也是无限的；如果经过仔细地研究，我们的感觉总是一致，我们可以推知，世界是永恒的。所以，世界永恒和无限的论点建立在我们所关注的事物永恒一致的盖然性之上——也就是说，建立在这些事物及其和谐的总是可以被发现（如果我们有足够的时间去探究的话）的原因之上。但我们并不能由此推知，不存在另一个世界，或其他的以不同于我们所拥有的方式彼此协调一致的心灵。不过，从这一点可以清楚地看出，空间不同于上帝，因为可以有几个空间，但只有一个上帝，上帝的不可测量性在一切事物中都一样。但既然每个空间都是连续变化的，而在两个空间都有某种事物持续存

【513】

在，那么这两个持续存在的事物是否彼此不同，还是说，是否

134

在每一个事物中都存在同样的观念和普遍的本性？我认为每一个事物中都存在同样的观念和普遍的本性。这种本性使得上帝平等地存在于这个和那个世界，因为在那个世界中可能存在着不同的自然律则。我们必须特别考虑这一点：假如我们假定一个人所喜欢的任何一个形体实际上都被分解成了更小的部分，或者假定某些世界总是在其他世界中，那么一个形体因此就被分割成最小的部分吗？所以被无休止地分割是一回事，被分割成最小的部分是另一回事。显然，不存在最后的部分，就像一条没有终点的线不存在最后的点一样。因此，如果我们假定，一条没有终点的线有多少英尺，一个形体就被分割成多少部分，那么它就不会被分割成最小的部分；因为如果同样那条线有多少英寸，这一形体就被分割成多少部分，那么它就会被分割成更多的部分。但如果运动在均质液体中开始，它将被绝对地分割成最小的部分，因为没有理由不把它分割成更小的部分。

形体本身就包含硬，这也许与笛卡尔的观点并不矛盾。**14**

11. 论形式，或上帝的属性 [69]

A, No.72

1676 年 4 月下半月？ **1**

广延和思想是某些更为特殊的形式。因为存在、绵延等是【513】常见的形式；绵延既属于能思物又属于广延物。但一种形式应

该比另一种形式更特殊，这一点颇不寻常。所以形式的不同之
处在于，有些形式或多或少是相对的。例如，思想既有主体也
有客体，而广延只有主体。但是，似乎自我意识本身，就像广
延本身一样，是某种东西，即一种状态；因为那时主体和客体
是同一的。如果，确实没有不留痕迹的记忆，而且有思想的形
体中涉及无形体的事物的痕迹不是自然的，而是人为的，也就
是说，是符号（因为无形体的事物和有形体的事物之间并不存
在必然的表象关系），那么，没有符号，便没有知识或推理，
因为所有推理或推证都是通过对前提的记忆来进行的。但就像
我们所假设的那样，没有符号或影像 [2]，就没有记忆。不可能
有一种最快速的运动，因为哪里有处所的变化，哪里就有固定
的边界，等等。[3] 但是，没有什么能阻碍完满思想的存在，即
对一切事物的思考。

　　主体不同于形式或属性，这是一个奇妙的事实。这是必要
的，因为由于形式的简单性，我们无法言说形式；因此，除非
形式与主体相结合，否则就没有真正的命题。思想不是绵延，
但能思者却是某种持续存在的东西。这就是实体和形式的区
别。我们必须弄清楚这些说法是否正确：思想持续、变化、存
在；一种运动大过另一种运动；数字本身有一定的比例，比例
本身也有一定的比例。[4] 上帝的一种属性就是某种简单形式。
其中必然存在着这种简单形式，即知觉本身。因为有些事物
通过其他事物被知觉到；如果后者又总是通过其他事物被知觉
到，那么什么也不会被知觉到。我们之所以不能清楚地知觉

那些有一定多样性的东西，例如颜色，是因为我们在一定的时间内知觉某种颜色；但这段时间可以被再分割为无限多的部分，而且在其中的任何一部分，我们都做了某种与此事相关的事情，但由于我们器官有缺陷，我们不记得了。不过，那些被一个行动所知觉的东西，比如存在、知觉、广延，可以被完全理解。

上帝有无限多的属性，但任何一种属性都不包含上帝的整个本质，因为上帝的本质在于祂是所有相容的属性的主体。然而，上帝的任一性质或分殊都包含祂的整个本质；因此，上帝创造了我们感觉中某种恒常不变的事物，不管它有多小，它都包含了上帝的整个本性，因为它包含了那种事物的整个序列。但是，一个无限的序列只能来自无限多的属性。然而，当所有其他事物都与某一属性相关时，该属性会产生不同的样态；因此，上帝的同一本质在世界的任何一个属的全体中都有表现，所以，上帝以无限多的方式显现自身。 [71]

任何通过自身被设想出来的东西，其原因都无法被理解。因为结果是通过它的原因被设想出来的，由此明显可知，如果某种事物通过它自身而存在，如果其他事物也存在，那么它存在。考虑这个问题的正确方式是，形式是通过它们自身被设想出来的，而主体，以及它们是主体这一事实，是通过形式被设想出来的。但是，那种其样态依赖于另一个事物的属性——其中包含了那种事物所有的必要条件——的事物是通过另一个事物被设想出来的。也就是说，只有理解了另一 【515】

个事物，它才能被完全理解。那些其中一个没有另一个便无法被理解的事物彼此相互联系。必要条件就是与另一个事物相联系的那些事物，而不是相反。理由是必要条件的总和。**5**我们不可能完全理解可感的事物，因为时间和处所可以被无限分割，所以无限多的事物在可感事物的构造中共同起作用。因此，对一种可感的质的知觉不是一个知觉，而是无限多个知觉的聚合。

上帝以无限多的方式想出了无限多的事物。

12. 论回忆与心灵的自我反思

A, No. 73

1676 年 4 月下半月？ **1**

【515】　　最近，我读到了尼古拉斯·奥列吉斯 **2** 献给乌尔班八世的关于亚里士多德的灵魂不朽的论著。那时，这位教皇 **3** 还只是一位给过作者鼓励的红衣主教。奥列吉斯说，对亚里士多德来说，被动理智是一回事，因为它是想象力，而可能理智则是另

【516】　　一回事，它接收那类非物质的概念的东西。他说，在亚里士多德看来，主动理智不是上帝，因为亚里士多德已经意识到了这种分离出来的理智无法记忆，因为没有想象力，就没有记忆。在我看来，似乎有一些记忆，它们本身是关于我们自己和知觉的，而不是关于各式各样的知觉。所以，没有影像，就没有快乐，也没有痛苦；因为没有记忆，就没有快乐和痛苦。**4** 就

算是上帝也不能代替影像。上帝是完满的心灵，而那种心灵是它自己的知觉的原因；它与其他任何心灵都不一样。**5** 在我看来，如果没有记忆，那么死后发生的事对我们来说就无关紧要了。**6** 所以，死后会有一些记忆，就像睡着的人会有一些记忆一样。 [73]

在我看来，心灵的这种运作最为奇妙，即当我思想我正在进行的思想时，在我思想的过程中，我注意到我在思想我思想，而稍后，我就会怀疑我是不是在进行三重反思。接着，我又注意到，我在怀疑，并在某种程度上，我对这种怀疑感到怀疑，而紧接着陷入沉思之后，我又越来越多地回到了我自己，所以我经常通过我的思想来提升我的心灵。**7** 为了实现这一点，有必要通过神经的某种努力来削弱和打破其他无关知觉的力量和活力。所以，我们最终会厌倦这种努力，感到头疼，或者甚至（如果我们坚持下去）发疯。但即使我们愿意，我们也常常不能激发心灵的这种运作；当我们开始怀疑我们能否做到这一点，以及我们就像是为了体验困难而考虑种种妨碍并导致各种无关知觉出现——就像我们只要考虑睡眠的困难就睡不着一样——时，我们便不能激发心灵的这种运作。然而，一旦我们经历了这种把心灵带回它自身，有时我们就会继续在它里面待上一段时间，而直到遇到困难，并在一种力量的作用下，我们才能最终回到外在事物。我有时也会碰到这种情况，比如，当我无法忘记某件事，而且不情愿地想了整整一个小时的时候——即当我在思想这种思想的困难，而无休止地对反思进行反思弄得自己疲惫不堪的时候。结果是，我几乎开始怀疑我是否还会想到其他别的事情，而且非常担心心灵的这种意图会伤害到我。但我越是考虑这些事情，我就越不能将其赶出我的心灵，这种反思仍旧在继续。如果有人想体验这些东西，那么他所要做的就是：在黑夜的某个时刻，当他碰巧无法入睡时，让他开始思想他自己，思想他的思想，思想对知觉的知觉，让他开始怀疑他的这种状态，并且——就好像通过心灵依次出现的不同的搏动——越来越深入他自己，或超越他自己，那么他就会惊叹，他以前从来没有经历过这种心灵状态。此外，我们从来都不会没有其他的知觉；因为我们在自己的内心感知到了心灵的那种借此我们被带回自己的内心并压制外在的东西的意图。当然，纯粹的思想活动所带来的疲惫往往就是由此产生的。此外，我注意到这种对知觉的知觉在没有符号的情况下也会发生。因此，记忆也是如此；因为正如霍布斯所说，**8** 去知觉一个知觉，或去感知一个人所感知到的东西，就是去记住。我还没有令人满意地解释心灵为什么会产生这些不同的搏动，以及这种不断往复的反思和所谓的这些搏动的间隔。它们似乎是通过对有形意图的有区别的意识而产生的；但是，如果你仔细观察，那种搏动只会让你想起你稍稍之前在心灵中有过这种东西，即对反思的反思，而你实际上观察到了这种东西，并用一个伴随它的清晰的影像对它进行了标示。因此，它之前就已经存在了，所以直到无限的对知觉的知觉永远存在于心灵之中，那里就存在着它的存在本身，以及它继续存在的必然性。

【517】

[75]

140

13. 论事物源于形式

A, No. 74

1676 年 4 月？ **1**

观念是关于对象的思想的种差。**2** 不可否认，思想本身就 【518】
对象而言是不同的；所以思想本身有某种样态，因此样态不只
是存在于由能思物和广延物组成的事物中。所以确实，我们可
以不无正确地说，思想有样态。同样，空间有不同的部分，或
者说，处所是有限定的广延物，空间的形状是广延的样态，就
像感觉是心灵的样态一样。然而确定无疑的是，除非借助于其
本性就是将空间与心灵结合在一起的物质，否则空间或心灵不
可能有任何样态。而物质一旦给定，心灵和广延物便会产生样
态，而它们的样态的区别就像主动与被动，做父亲与做儿子的
区别一样。

心灵是形体的观念吗？**3** 那是不可能的，因为当形体不断
变化时，心灵却保持不变。形体的观念会是它所知觉到的一切
的观念吗？如果是这样，那么任一心灵都将是整个涡旋的观
念，但情况并非如此——除非你认为它是所有其他事物与某一
特定事物的关系的结果。

广延是一种状态，思想是一种活动。广延是某种绝对的东
西，思想是某种相对的东西。一切能思物皆思想某种东西。**4**
最单纯的事物就是那种思想它自身的能思物；而当思想它自身

141

的能思物是一切事物时，思想便是绝对的。

我们在我们的心灵中知觉到很多东西，比如，思想或知觉，知觉到自己，知觉到自身是同一者，知觉到快乐和痛苦，知觉到时间或绵延。快乐似乎来自对许多事物的思考，或者，来自向完满的过渡。幸福本身在于毫无阻碍地不断向更完满过渡。既然我们内在除了心灵之外什么也没有，那么在心灵中可以知觉到如此多的不同的事物，这就太奇妙了。而事实上，心灵将被添加到物质上，如果没有物质，它将不会如其所是地知觉。奇妙的是，物质和精神的本性是如何使某些倾向在我们的心灵中产生了一种所谓的光的感觉，或红色的感觉，以及其他的感觉的。闪烁在某种意义上似乎是多次反复击打的结果，就像轻弹手指一样。**5**

[77]

存在和同一性的观念并非来自形体，统一性的观念也并非来自形体。因为令人惊奇的是，心灵有时会想起否定性的事物，或意识到它没有思想某种东西。

在我看来，事物源于上帝与性质源于本质并无区别；正如 $6 = 1 + 1 + 1 + 1 + 1 + 1$，因此 $6 = 3 + 3$，$= 3 \times 2$，$= 4 + 2$，等等。同样不可置疑的是，这两种表述方式是不同的，因为以一种方式，我们明显想到了数字 3 或数字 2，而以另一种方式，我们却没有想到；而可以肯定的是，数字 3 不会被同时想到 6 个 1 的人想到。如果这个人在想到 3 之后再施以限制，它就会被想到。某个同时想到 6 个 1 的人更不会想到乘法。所以，正如这些性质彼此不同，与本质不同一样，事物彼此不同，与上帝不

【519】

同。我很乐意用"事物"这个词，因为我们习惯于说"上帝是一个存在者"，但我们不习惯于说"上帝是一个事物"。

我们的心灵不同于上帝，因为祂是绝对广延 **6**，是最大的、不可分割的广延，不同于空间或处所；或者说，因为广延本身不同于处所。空间是全部的处所。空间有部分，但广延本身没有部分，虽然它确实有某些样式。根据空间可被分割成部分这一事实，空间是可变的，并且以不同的方式被分割；更确切地说，它总是今天一个样，明天一个样。但是，空间的基础，即广延本身，是不可分割的，并且在变化中保持不变；它不会变化，因为它弥漫在一切事物之中。所以，处所并不是它的一个部分，而是由于增加了物质而产生的它的一种样态，或者说，是由空间的基础 **7** 和物质所产生的某种东西。显然，神的心灵之于我们的心灵，就像他们所谓的想象的空间 **8**（因为，就上帝被认为是无处不在的——即不可测量的——而言，这种空间就是上帝本身，所以它有着至高的实在性）**9** 之于处所，以及不可测量者所产生的各种各样的形状。所以，我最好把那种空间称作"不可测量者"，以区别于空间。所以，在空间不断变化的过程中持续存在的正是不可测量者；因此它没有也不可能有边界，它是一，是不可分割的。你也可以称之为"扩张者"。由此可以很清楚地看出，不可测量者不是一种间隔，不是一个处所，也不是可变的；它的样态的出现并不是由于它自身的任何变化，而是由于增加了其他东西，也就是说，物质团块或质量，由于增加了物质团块或质量，产生了空间、处所和

[79]

143

间隔，而它们的聚合体就是宇宙空间。但是，这种宇宙空间是一种聚合而成的存在物，是不断变化的；它由空的空间和满的空间组成，就像一张网，这张网连续不断地接受另一种形式，并因此而改变，而这种改变中持续不变的是不可测量者本身。而不可测量者本身就是上帝，因为上帝被认为无处不在，也就是说，因为上帝包含那种完满性，或绝对肯定的形式 **10**，而这种形式是事物被认为在某个地方时被赋予的东西。

上帝是一切绝对的简单形式的主体——绝对的，即肯定的。所以在上帝那里早已存在这两种东西：一切形式中的一，以及本质，或者说，形式的集合。**11** 也就是说，同一上帝绝对无所不在，或说，全在；祂绝对持续存在，即永恒；祂绝对能动，也就是说，全能；祂绝对存在，或说，完满。去存在可以说就是去思想与某物的关系。如果没有某物，任何人都不存在。那个被绝对赋予存在——即不带某种确定的附加物的存在——的某物，已经被赋予了它所能被赋予的一切存在，即最伟大的存在。

【520】

不可能有最快速的运动和最大的数字。因为数字是某种离散的东西，在这种情况下，整体并不优先于部分，而是相反。不可能有最快速的运动，因为运动是一种样态，是某种事物在某一特定时间内的转移（正如不可能有最大的形状一样）。不可能有一种整体的运动，但可以有一种对一切事物的思考。**12** 每当整体优先于部分时，整体便是最大的，例如，在空间和连续体中。如果物质，就像形状一样，是一种样态，那么似乎也就不存在物质的总体。

所有心灵的集合之于主动理智的关系，就像空间之于不可测量者的关系。上帝是原初心智，因为上帝是全知的，或者说，祂包含了这种绝对肯定的形式，也就是说，这种以有限的方式被赋予其他被认为能知觉到某物的事物的形式。同样，上帝就是不可测量者本身，因为祂被赋予了一种完满性，即一种当在某处存在或当下存在被赋予事物时可以在事物中找到的完满性，也就是说，一个绝对肯定的形式。①

[81]

正如不可测量者不是某个处所或间隔的一部分，同样，上帝不是我们心灵的一部分。正如上帝能完满地知觉到任何可知觉的东西，或者说，上帝就是一种心智，同样，上帝完满地存在于某物可以存在的任何一个地方。因此，正如上帝是一种心智，同样，上帝本身也是不可测量者。此外，宇宙空间就像宇宙共和国，或者由全部心灵组成的社会一样，是一个聚合而成的存在物。它们之间有一个区别，即处所或间隔可以被摧毁（因为当拥有处所的事物被摧毁了，它的处所也就被摧毁了），但是，按比例与它对应的灵魂却不可能被摧毁。无论什么，只要它活动，就不可能被摧毁；因为只要

【521】

---

① 在这里，莱布尼茨附上了一个表：
常用术语：上帝。形式，绝对的，肯定的，完满性。变化。样态。
属于思想的术语：心灵。原初心智。灵魂。宇宙共和国。观念。思想。
属于广延的术语：广延物。不可测量者。处所。宇宙空间。形状。运动。

它活动，它至少会持续存在，因此它将永远持续存在。无论什么，只要它受动并且不活动，它就有可能被摧毁，例如，处所或空间就有可能被摧毁。每一个聚合而成的形体都可能被摧毁。某些要素，即不可摧毁的形体，之所以存在正是因为它们有心灵。正如一种形状被标示之前，不可测量者就已经有了这种形状，同样，原初心智早就有了观念，也就是说，早就有了思想的种差。**13** 观念在我们的心灵中，就像形状在空间中一样。根本就没有世界灵魂，因为一个连续体不可能由灵魂构成，就像它可以由空间构成那样。你一定会说，不，它也能以某种方式由灵魂构成，只要心灵能够彼此知觉。我的回答是，灵魂并不是一个聚合而成的存在物，但是宇宙空间却是一个聚合而成的存在物。因此，宇宙没有灵魂也就不足为怪了。

就像宇宙没有形状一样，宇宙也没有观念。观念作为思想的种差存在于我们心灵中。观念存在于上帝之中，因为最完满的存在者来自所有可能的绝对形式或完满性在同一主体中结合；而样态，也就是，观念，来自简单的可能形式的结合，正如性质来自本质。有无限多的简单形式，因为我们的知觉无限多，并且不能依据彼此来解释；就像仅仅从知觉和广延的知识中，我们无法解释我们在红色、光亮或炎热中所感知到的东西，也不可能解释我们该做什么，即便是当……**14** 对我们来说，快乐是完满性不断增加的感

[83]

觉；对上帝来说，完满性是完备的、永世长存的。上帝必

146

然对此有某种感觉或知觉，所以上帝也快乐。宇宙本身完
满性不断增加，还是说它的完满性保持不变，抑或减少呢？
心灵的完满性的总和似乎一直在增加，但形体的完满性却 **【522】**
并非如此。因为增加是没有意义的，而这就是为什么力总
是保持不变的先天理由。¹⁵ 力量总是不变，但我们的知识
却并不总是不变。

14. 论简单形式

A, No.75

1676 年 4 月 ¹

 知觉和位置（situs）是简单形式。而变化和物质，即样态，**【522】**
是所有其他形式结合在一起的结果。因为有无限多样的物质事
物和运动事物，而这种无限的多样性只能来自一种无限的原
因，那就是说，来自各种各样的形式。由此我们很容易理解，
有无限多的简单形式。而由它们所产生的与个别形式相关的样
态构成了它们的多样性。知觉和位置似乎无处不在，但物质在
各种各样的事物中却不同，因此产生了各种各样的定律。例
如，如果运动的量保持不变是我们这个世界的定律，那么就会
有另一个宇宙，其中也会有其他的定律。不过，后者的空间必
然不同于前者的空间；它会有某种位置（positio），而且数量众
多，但不一定要有长度、宽度和深度。我们已经看到，在时间
中，在角度中，以及在其他事物中，有各种各样的量。知觉、**【523】**

快乐和幸福似乎无处不在；因为它 **2** 的奇妙之处在于它能使事物的多样性倍增，甚至是无限倍增。不过多样性似乎还可以通过我们所无法理解的其他方式产生。任何一种世界都有着同样的多样性，而这只不过是以各种方式联系起来的同一本质，就像你从不同的地方看同一个城镇一样；或者，如果你将数字 6 的本质与数字 3 联系在一起，那么它将是 3×2 或 3+3，**3** 但如果你将它与数字 4 联系在一起，那么它将是 $\frac{6}{4}=\frac{3}{2}$ 或 $6=4\times\frac{3}{2}$。所以，不同的事物会以某种方式产生，这不足为奇了。

不可否认的是，当心灵知觉某种物质事物时，当它知觉各种各样的事物时，它也会发生变化。如果一个人因为成长而变得比我高了，那么我也会发生一些变化，因为我们的名称发生了变化。**4** 这样一来，万物在某种意义上都被包含在了万物之中。不过，它们以完全不同于它们被包含在事物中的方式被包含在上帝中；同时，它们也以完全不同于它们被包含在个体中的方式被包含在事物的类中，即被包含在世界中。事物并非仅仅由上帝的形式组合而成，而是与主体一起产生的。主体本身，或上帝，连同祂的无处不在，给出了不可测量者，而这一不可测量者与其他主体结合在一起，使得一切可能的样式，或事物，随之而来。各种形式的不同结果，与一个主体相结合，就产生了特殊的结果。我无法解释事物是如何由形式产生的，只能通过类比数字是如何由单位量产生的来解释——不过，它们之间有区别，因为所有的单位量都是同质的，而形式却是有差异的。

[85]

148

15. 论世界的充盈

A, No. 76

1676 年年初 [1]

在我看来，每一个心灵都是全知的，只是有些混乱罢了；
任何心灵都能同时知觉到世界上发生的一切；这些对无限的同
时存在的多样性事物的混乱知觉引起了我们对颜色、味道和触
摸的感觉。[2] 因为这样的知觉并不存在于理智的一个行为之中，
而是存在于无限多的行为的聚合之中，尤其是当对某种颜色或
其他可知觉的事物的感觉需要一段时间的时候。而时间是无限
可分的，况且可以肯定的是，灵魂在任一瞬间都能知觉到各种
各样的事物，但它却是从所有这些无限多的混为一体的知觉中
产生了对可感事物的知觉。不过，对存在、思想本身以及其他
类似的事物的知觉都是在一瞬间发生的。再就是，任何心灵都
能知觉到整个世界发生的事情，这并不奇怪，因为考虑到这个
世界是充盈的，那么没有一个形体小到不能感知所有其他的形
体。于是便以这种方式产生了一种奇妙的多样性，因为宇宙中
有多少个不同的心灵，就有多少种不同的关系——就像从不同
的地方观察同一座城镇一样。[3] 因此，通过创造许许多多的心
灵，上帝意愿给宇宙带来一个想去展示某个大城镇各个方面或
投影的轮廓的画家意愿给它带来的东西。画家在画布上做了上
帝在心灵中所做的事情。

我越来越相信存在着不可分裂的 **4** 形体，因为它们不是通过运动产生的，必定是最简单的，因此是球形的，因为所有其他的形状都受制于多样性。因此，存在着无限多个球形原子，这似乎是不容置疑的。如果没有原子，那么，给定一个充实空间，所有的一切就都会溶解。**5** 我所阐释的那种奇妙的充实空间是合乎理性的，尽管它只是由球体构成。因为没有一个地方小到我们不能假定其中存在着更小的球体。如果事情是这样的话，那就不会有任何可赋值的地方是空的。而世界就会是满的，某种可赋值的量由此便被认为是存在的。**6** 在原初的、最简单的形体中，不可能存在不同等级的抵抗，因为必须解释这种多样性的原因。**7** 然而，有一种情况，我们从中可以推证多样性，即球体的多样性，因为假定世界是充盈的，必然存在着比其他小球更小的小球，以此类推，直至无穷。我们必须弄清楚，小球围绕自己中心的运动是否可以归因于小球。我们可以只用小球来解释形体之间的联系，而不用任何钩子或倒钩，**8** 因为这些钩子或倒钩不仅笨拙，而且不符合事物的简

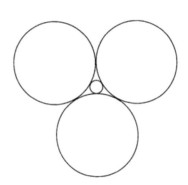

洁和美。**9** 而联系的原因是这样的：由于较大的球体不可能在不干扰它们周围中等大小球状物的运动的情况下被轻易地分开，而中等大小球体又不可能占据较大球体的地方，因为较大球状物之间的空隙不够大，这种情况会发生，即只有非常小的球体才能穿过空隙，但是这样一来，中等大小球体的运动受到干扰，所有的东西都会随之散开，这些中等大小的球体的整个环境就会变松散；**10** 如果周围的那些中等大小的形体能够占据那些将它们隔开的较大形体的地方，并能够从它们空着的地方之间穿过，这种情况就不会发生。是不是很难去解释世界上的形体 **11** 围绕其中心旋转的本源？——也许我们应该认为，这种旋转就像是男孩抽打的陀螺，以及诸如此类的事物的旋转：也就是说，所有这些事物不仅被其他事物所推动，而且旋转。但奇妙的是，围绕事物自身的中心的运动是怎样得到它的圆圈运动的。

　　在有多少涡旋，也就是说，有多少与某一事物有关的不同的周围扇区的运动，就有多少不可分裂的形体。但是，**本身**静止并只能通过其他形体的运动而运动的某个不可分裂的形体与自发地沿直线运动并使其他事物运动的不可分裂的形体之间，存在着某种差异。除非我们认为，任何不可分裂的形体都有可能沿某条直线或其他直线移动，以致我们不可能画出任何一条不与某一不可分裂的形体的方向相平行的直线。这里，我们还必须讨论的是，是否任一方向 **12** 上的所有运动都必须具有相同的速度，或者说，是否可以观察到某种奇妙的比例，使得形

[89]

体在不同方向上的速度与其大小成反比，因而每个原子对宇宙

【526】 的作用力相等？在我看来，这是最美的，符合最高理性的。所
以小原子移动得最快。

我并不是从一开始就假定世界是充盈的，而只是假定了
任何人显然都很容易接受的这一点：任何地方都有一个比那
个地方小的形体在移动，或被包含在内，这是可以理解的。
这一件事一旦被给定，即世界上没有一个地方不存在着一个
等于或小于它的形体，我们就可以推知，世界上任何一个可
赋值的部分都不是空的。但我并不因此就认为，空间和形体
有着相同的广延；相反，它们并没有相同的广延，因为无论
有多少球体，它们都不能填满一个整体。不过，所有虚空的
总和与任何可赋值的空间的比例并不大于接触角与直线的
比例。

16. 威廉·帕西迪乌斯 [1] 论事物的奥秘

A，No.77

1676 年年初？ **[2]**

【526】 威廉·帕西迪乌斯论事物的奥秘 **[3]**

（1）论推理术，以及论发现真理的方法。

（2）论理性的语言，以及论符号术和组合术。

（3）论代数的缺陷，论一种新的分析以及论一门隐秘的几
何学。

（4）论真正的形而上学，以及论上帝的观念和存在。①

（5）论灵魂；万物都是有生命的，②但只有不朽的灵魂才能 【527】
记住自己。

（6）第一个迷宫，或者说，论命运、运气和自由。 [91]

（7）第二个迷宫，或者说，论连续体的构成，**4** 论时间、
空间、原子的运动，论不可分的点以及无限。

（8）运动几何学，或，直线的确定，重心，将运动还原为
微积分。

（9）运动物理学，或，论力量、碰撞和反作用。

（10）论机械技艺，或，根据形体的形状、坚实度和力来
协调运动。

（11）一种推证性的物理假设，以及论物理学。

（12）论事物的隐因，以及论建立一门坚守教义的医学。**5**

（13）论自然的奥秘，论提炼，以及论提取物质的精华。**6**

（14）论心灵之光，以及论对上帝的爱高于一切。

（15）天主教的推证，或，论真教会以及论慈善。

（16）论正义，以及论新法典。

（17）论威严和国家。

（19）**7** 论行事谨慎，以及论我们这个时代的历史。 【528】

（20）论经济事务，论国家的经济发展，论工作和贸易。

（21）论军事艺术和纪律，以及论圣战。**8**

---

① 旁注：注意。

② 旁注：注意。

（22）论教育、文学和语言。

（23）论道德判断，以及论良心问题。

（24）论热爱上帝者的社会，以及论基督徒成圣。

（25）祈祷：或，关于事物普遍进步的寓言，以及论下一
个世纪的历史——以 1730 年为起点。

（26）希望，或关于未来生活的诗。

17. 论一个最完满的存在者是可能的

A, No. 79

1676 年 11 月 **1**

【572】 我似乎找到了下述说法的一种推证，即一个最完满的存在
者，或一个包含所有本质的存在者，或一个拥有所有质或所有
肯定属性的存在者，是可能的，或者说，并不蕴含任何矛盾。

如果我证明了所有（实有的）属性都彼此相容，那么这一
点将显而易见。但是，属性要么是可分析的，要么就是不可分
析的；如果它们是可分析的，那么它们将是它们所分析成的那
些东西的聚合。因此，只要证明所有原初或不可分析的属性是
相容的，或那些通过它们自身而被设想出来的属性是相容的，
就足够了。如果个别属性之间彼此是相容的，那么多个属性之
间彼此也是相容的，因此复合属性之间彼此也是相容的。因
[93] 此，只要证明了包含所有原初属性的存在者是可理解的，或者
说，只要证明了任意的两种原初属性彼此是相容的，就足够

了。假设任意的两种原初属性 A 和 B，如果它们不相容，那么命题"质 A 与质 B 不可能在同一主体中"就是必然的，因此它要么是一个同一性命题，要么是一个可推证的命题。它不可能是一个同一性命题；因为那样的话，"有 A 就不能有 B"将等同于"A 是 A"或"A 是 B"，所以其中一个将表示对另一个的排斥，其中一个将是另一个的否定。但是，这与假设相违背，因为我们已经假定所有的属性都是肯定的。它是不可推证的，因为如果有人要推证，"有 A 便不能有 B"，那只能通过分析其中一项或另一项或两项来实现。这与假设相违背，因为我们已经假定它们是不可分析的了。因此，这种不相容性无法被推证。因此不存在不相容性，所以任意两种肯定的质都是相容的，所以所有这些质都是相容的。因此，一个拥有所有属性的存在者是可能的。

此外，我们似乎由此可以证明，这样一种最完满的存在者是必然的；因为除非它有一个来自自身或他物的存在的理由，否则它不可能存在。[2] 但是，它不可能从他物中得到这种理由；因为一切可以在他物中得到理解的事物，都可以在最完满的存在者本身中得到理解，这是因为我们通过它本身来设想它，或者说，这是因为它在自身之外没有任何必要条件。因此，要么它可能没有存在的理由，那样的话，它就是不可能的，这与我们刚刚的证明相违背，要么它本身有存在的理由，那样的话，它就是必然的。

每一种纯粹肯定的属性都无限大；或者说它都尽可能大，

【573】 或者说，它包含一切属于它这一属的东西。必然有几种肯定的原初属性；因为如果只有一种，那么就只有一种事物是可理解的。否定性的分殊似乎只能产生于复数个肯定的属性——比如，思想和广延。因为有广延的事物如果没有多样性就不可能被思想，所以广延 **3** 必然有某些样式，并且所有那些曾经存在、现在存在或将来存在的事物都可以由一个存在者来思想。因此，样态的起源和必然性显而易见。

我们可以很容易推证，一切事物并非作为实体有区别，而是作为样式有区别，也就是说，一切事物并没有根本的区别。这一点可以从以下事实得到推证：在那些有根本区别的事物中，某一事物不需要另一个事物，便可以被完全理解；也就是说，某一事物的一切必要条件，不需要另一个事物的一切必要条件被理解，便可以被完全理解。但是，就事物而言，情况并非如此；因为事物的终极理由是唯一的，并且本身包含了所有事物的一切必要条件的聚合，所以很明显，所[95]有事物的必要条件都相同。事物的本质也是如此，因为本质就是一切原初必要条件的聚合。因此，一切事物的本质都相同，只是样式不同而已，就像从高峰看到的城镇不同于从平原看到的城镇一样。如果只有那些可被分割开来的事物或其中某一个不需要另一个便可以被完全理解的事物有着实在的区别，那么任何一个事物与另一个事物都没有实在的区别，而是正如柏拉图在《巴门尼德篇》中所论证的那样，所有的事物是一。**4**

一切事物的终极理由都相同。终极理由是充分必要条件的聚合。充分必要条件的聚合就是本质。因此，一切事物的本质都相同。必要条件似乎表明了存在、属性与本质的关系。属性、分殊、性质、本质。属性是通过自身而被设想出来的谓项，或者说，是不可分析的谓项。分殊是由各种属性构成的谓项。性质是包含一切属性的分殊。本质是……**5**

形而上学应该用准确的定义和推证来书写，而除了那些与公认的观点不太冲突的观点之外，任何东西都不应该在形而上学中加以推证。因为只有这样，这种形而上学才能被接受；一旦它被认可，那么，如果人们以后对它进行更深入的研究，他们自己就会得出必然的结论。此外，作为一个独立的任务，我们可以稍后向这些人展示关于这些东西的推理方式。在这种形而上学中，不时加上一些以同样的方式进行推理的伟人的权威言论大有裨益；尤其是当这些言论包含了某些似乎与一个观点的阐明有关联的东西时。

【574】

"属性"是一种通过自身而被设想出来的必然谓项，或者说，一种不能被分析成其他几个谓项的必然谓项。

"分殊"是一种可以被分析成各种属性的必然谓项，或者说，一种可以从一个主项中得到推证的谓项。

"性质"是一种主项和谓项可逆的分殊，或者说，一种包含了一个主项的所有属性的分殊，或者说，一种其所有其他谓项都可以从中得到推证的分殊。

"本质"是通过事物自身而在事物中被设想出来的一切，也就是说，一切属性的聚合。

"事物的偶性"是一种偶然谓项。

[97]　　　## 18. 一个最完满的存在者存在

A, No.80

1676 年 11 月？ **1**

【575】　　完满性，或简单形式，或绝对实有的质，是无法定义或不可分析的（或者说，关于它们所拥有的思想不能被分析成其他更简单的思想）。

一个普遍命题不可能从一个作为其主项的不可分析的词项中得到推证（因为一个普遍命题的每一步推证都是通过对主项的分析来完成的）。①

只有不可推证的命题才可以说被成是任何东西从中都无法得到推证。

必然的不可推证的命题是同一性命题（因为只有它们本身是已知的，而其他所有命题 **2** 都可以通过它们以及定义或分析的帮助最终得到证明）。

同一性命题包括"A 是 A"，"B 是 B""C 是 C"，"A 不是

---

① ［莱布尼茨注］柏拉图在《泰阿泰德篇》中谈到"要素"时提到了这一点。**4**

非A"，或者说，(假设有多样性)"A 不是B" **3**，"A 不是C"，"A 不是BC"，等等。举例来说，"思想是思想"，"思想不是非思想"，或者说，"不是某种不同于思想的东西"，"不是广延"。

但"A 和 B（比如，思想和广延）不能在同一主体中"，它不是一个同一性命题，或者说，不是上述命题中的任何一种（因为说思想不是广延完全不同于说它们不能在同一主体中存在）。

然而，如果它为真，那么它就是一个普遍必然命题。因此，这个命题不真；也就是说，任意两种简单形式都可以存在于同一主体中（我说这个命题不真，因为正如我们所证明的那样，每一个真正的普遍必然命题要么是不可推证的，因此就是同一性命题，要么就是可推证的。但很明显，这个命题什么都不是。多种简单形式可以存在于同一主体中）。

因此，在同一主体中，能有多少简单形式， **5** 就有多少简单形式；因为道理都一样。 【576】

那么，很明显，存在也是这些简单形式中的一种；或者说，一种也包含有存在以及其他所有完满性的存在者是可能的（因为存在是众多完满性或绝对实有的质中的一种）。

因此，一个最完满的存在者存在。证毕。

任何必然的东西都必然存在。 **6** 任何必然存在的东西都存在。因此一个必然的存在者存在。对于这个结论，我们可以这样来理解：如果一个被给定的必然存在者要存在，它只需被证 [99]

明它是被给定的，**7** 也就是说，它存在于众多可能或可理解的事物之中。

注意：所有的普遍命题都需要对主项进行分析。假设命题是，"每一个 A 都是 B"。如果这是可推证的，它可以通过对 A 或 B 中的其中一项或两项的分析来推证。（因此，如果它是可逆的，它可以通过对两项的分析来推证。）**8** 如果它仅通过对 A 分析就能被推证，那么我们就会得到所给出的结论；如果它能够通过对两项的分析而被推证，那么我们同样会得到所给出的结论。这一命题是否可以通过简单地分析 B 来推证，还有待考虑。假设只对 B 进行分析；结果将是"每一个 B 都是 CD"。而当依次对 C 和 D 进行分析时，只能得到（无论分析进行到何种程度）"每一个 B 都是 EFG 等"。在 EFG 等词项中，A 要么就（明显地或潜在地）被包含在其中，要么根本就没有被包含在其中。如果 A 根本就没有被包含在其中，那么无论分析进行到何种程度，都不能推证 A 是对 B 的分析的结果。但如果 A 潜在地被包含在其中，也就是说，如果有一个代表它的定义，那么就让它替代它的定义，它就会明显地被包含在其中。**9** 因此，我们假设 A 明显被包含在对 B 的分析中；我们只能由此推知，"每一个 B 都是 AH 等"，我们由此还可以推知，

【577】 "每一个 B 都是 A"，或"某些 A 是 B"；但我们无法由此推知，"每一个 A 都是 B"。所以我们需要对 A 进行分析，以便 B 可以从中产生。所以，如果这个命题是可逆的，那么由此可以得出这样一个推论，即它可以通过对每一项的分析来推证。

因此，所有的否定命题被证明都可以通过对每一项的分析来推证，因为它们都是可逆的。**10**

论一个最完满的存在者存在

所谓的"完满性"，指的是每一种实有的、绝对的简单的质，或者说每一种不受任何限制地表现任何它所表现的东西的简单的质。但由于这是一种简单的质，所以它是不可定义或不可分析的。因为否则的话，它要么不是一种简单的质，而是几个质的聚合；要么即使是一种简单的质，它也会被限制所包围，并因此将借助于否定而被理解，但这与假设相悖；因为它被假定是纯粹实有的。

由此不难看出，它们**都彼此相容**，或者说，它们可以在同一主体中。

因为假如有这样一个命题："A 和 B 不相容"（通过 A 和 B 来理解这类的两个简单形式或完满性；即使同时假设有多个简单形式，也是一样的）。那么很明显，如果不对 A 或 B 两项——对其中一项或另一项，或者同时对两项——进行分析，这一命题就无法被推证，因为否则的话，它们的本性就无法进入推理，而且它们的不相容性与其他任何事物的不相容性都可以同样得到推证。但是，根据假设，它们是不可分析的。因此，这个命题不能用它们来推证。[101]

但是，如果这个命题为真，它就可以用它们来推证，因为它是必然的，但不是自明的。因此，这个命题为假；所以一切完满性都相容。因此，一个拥有一切完满性的主体，或，一个最完满的存在者，就被给定了，或者说，就可以被理解了。因此，与此同时，它显然也是存在的，因为存在就包含在完满性之中。

19. 论一个最完满的存在者存在

A, No.81

1676 年 11 月 18—21 日？**1**

[578]　　论一个最完满的存在者存在 **2**

我说"完满性"，指的是每一种实有的、绝对的简单的质，或者说每一种不受任何限制地表现任何它所表现的东西的简单的质。

但由于这是一种简单的质，所以它是不可分析的，或不可定义的。因为否则的话，它要么不是一种简单的质，而是几个质的聚合；要么即使是一种简单的质，它也会被限制所包围，并因此将通过否定进一步的进展而被理解，但这与假设相悖；因为它被假定是纯粹实有的。

由此不难看出，所有的**完满性都彼此相容**，或者说，它们可以在同一主体中。

因为假如有这样一个命题："A 和 B 不相容"（通过 A 和 B 来理解这类的两个简单形式或完满性；即使同时假设有多个简单形式，也是一样的）。那么很明显，如果不对 A 或 B 两项——对其中一项或另一项，或者同时对两项——进行分析，这一命题就无法被推证，因为否则的话，它们的本性就无法进入推理，而且它们的不相容性与其他任何事物的不相容性都可以同样得到推证。但是（根据假设），它们是不可分析的。因此，这个命题不能用它们来推证。

但是，如果这个命题为真，它就可以用它们来推证；因为它不是自明的，而所有必然为真的命题，要么就是可推证的，要么就是自明的。因此，这个命题并非必然为真；或者说，A 【579】和 B 并非必然不在同一主体中。因此，它们可以在同一主体中；又因为对于所假定的这类的任何其他质来说，推理都是一 [103]样的，所以一切完满性都相容。

因此，一个拥有一切完满性的主体，或，一个最完满的存在者，就被给出了，或者说，就可以被理解了。

因此，它显然也是存在的，因为存在就包含在这些完满性中。

（由绝对形式构成的形式，只要它们是给定的，也同样如此。）

当我在海牙的时候，我向斯宾诺莎先生展示了这一论证，他认为它是合理的。因为他一开始反驳它，所以我把它写了下来，并读给了他听。

注释

笛卡尔关于最完满者的论证假设了这一点，即最完满者可以被理解，或者说，是可能的。因为假设了这一点，即这类的概念是给定的，所以我们可以立刻推知，这样的存在者是存在的；因为我们已经假定它直接包含存在。但问题是，我们是否有能力去假定这样一种存在者，或，这样一个概念是否真的存在，并且可以清楚明白地、毫无矛盾地被理解。因为反对者会说，这样一个最完满者的概念，或这样一个通过其本质而存在的存在者的概念，是一种幻想的产物。对笛卡尔来说，仅仅诉诸经验，就宣称他自己清楚明白地感知到了这类东西，这是不够的。因为这是为了取消证明，而不是为了得出结论——除非他指出了一种使其他人也能获得这类经验的方法。因为每当我们在证明某种东西的过程中引用经验时，我们应该向别人指出一种能够带来同样经验的方法，除非我们想仅凭我们的权威来说服他们。

20. 我的原则是：任何可以存在并与其他事物相容的事物都存在

A, No. 83

1676 年 12 月 12 日 **1**

【581】

没有必要通过复数个世界来增加事物的复多性；因为没有多少事物不存在于这个世界中，甚至是不存在于这个世界的任何一个部分中。**2**

引入另一个存在物的属，可以说就是引入另一个同样无限

164

的世界，这是在滥用存在的名号；因为我们并不能说那些事物现在是否存在。但是，存在，正如我们所设想的那样，包含着一个确定的时间；或者，我们说，在某一特定的时刻可以说"那个事物现在存在"的那个事物存在。 [105]

整体中事物的复多大于部分中事物的复多，即使部分中的事物无限复多，也是如此。讨论形式的真空并非毫无必要，**3** 这样可以表明，并非所有本身可能的事物都可以与其他事物共存。因为否则的话，就会有许多荒谬的事情发生；任何事物都不会被认为太过荒谬而不存在于这个世界——在这个世界上，不仅有怪物，也有邪恶的、痛苦的心灵，还有不公正，甚至也没有理由说上帝就是善的而不是恶的，就是公正的而不是不公正的。可能会有这样一个世界，其中所有善良的人都要受到永恒的惩罚，而所有邪恶的人都将得到奖赏，并用幸福来赎罪。

我们的方法可以直接证明心灵不朽。因为它本身是可能的，而且与其他一切事物可共存 **4**；或者说，它并不损害事情的发展过程。**5** 这是因为心灵没有体积。而我的原则是：任何可以存在并与其他事物相容的事物都存在。因为限制存在、限制一切可能的事物的唯一理由一定是并非所有的事物都相容。所以限制的唯一理由是，那些包含最多实在性的事物应该优先存在。 【582】

如果一切可能的事物都存在，那么存在就不需要理由了，只要有可能性就够了。所以，除非上帝是可能的，否则就不会有上帝。但是，如果那些相信一切可能的事物都存在的人的观点为真，那么虔信者所信仰的那种上帝将不可能存在。

毕达哥拉斯与笛卡尔在极乐世界相遇时就禽兽灵魂展开了一场对话。**6**

21. 上帝的定义，或，独立存在者的定义

A, No. 84

1676 年 12 月？ **1**

【582】 上帝的定义，或，独立存在者的定义 **2**

上帝是这样一个存在者，即祂的存在来自祂的可能性（或，来自祂的本质）。

如果以这种方式所定义的上帝是可能的，祂便存在。

【583】 说存在来自某物的可能性就相当于说存在来自某物的本质。因为事物的本质就是可能性的特定理由，也就是说，从事
[107] 物的概念中，我们可以清楚地、先天地设想事物是可能的。我说"先天地"，也就是说，不是来自经验，而是来自事物的本性，就像我们设想数字 **3**、圆曲线以及其他类似的东西是可能的，即使我们从未经验到它们在现实中存在，或至少没有把这种经验考虑进来。

独立存在者是这样一个存在者，即它的存在来自它的本质，也就是说，存在对它来说是本质性的，或者说，它通过自身的本质而存在。

同样，必然存在者也是这样一个存在者，即它的存在来自

166

它的本质。因为必然存在者就是必然存在的东西，它不存在蕴含着矛盾，所以，也就与这种存在者的概念或本质相冲突。所以说，存在属于它的概念或本质。

由此，我们得出了一个绝妙的定理，它是模态理论的顶点，**3** 并且通过它，一个事物以美妙的方式从潜能走向了实现：

如果必然存在者是可能的，那么它实际上就是存在的，或者说，这样一个存在者实际上存在于宇宙之中。

22. 关于宇宙的绝妙推证链条 **1**

A, No. 85

1676 年 12 月 12 日

关于宇宙的绝妙推证链条 **2**

任何事物都不会同时既是又不是某种事物，或者说，任何事物要么是要么不是某种事物。**3** 现在产生的任何事物都是某种与当前的事物有关的事物。而现在着手去做某种过去或将来的事就会使它成为当前的某事；但没有什么事物是同时存在于当前和过去的，因此，做过的便不能取消，也没有什么事物会停止成为未来的事物，除非它变成了当前的事物。

任何事物都有其存在的原因，因为如果没有存在的一切必要条件，任何事物便不存在。整体的结果与完整的原因等价，**4** 因为原因和结果之间必定存在着由此及彼的相等。而这种相等就包含在这种等价中，并且找不到另外的量度。只有一

167

种世界，或者说，除了我们所感知到的形体和心灵之外，没有其他别的存在物，除了那些离我们有一定距离的形体之外，也没有其他别的形体。因为即使有，也不能说它们现在存在还是不存在，这违背了第一原则。**5** 所以我们可以推知，并非一切可能的事物都存在。

[109]　　空间和时间是无限的，这需要进行完整的推证。说曾经有一段没有什么事物的时间，那就等于什么也没说，因为那段时间的量无法用任何标记来确定。**6** 因为原因与结果并不完全等价，而是在表现上等价，所以受造物的秩序不可能在某一时刻开始，而是除了上帝之外，一直都有别的事物，或者说，上帝一直都在创造别的事物。"我父做事直到如今。"**7** 时间和直线有着很大的区别。我们无法以任何方式确定两个瞬间状态之间没有插入任何东西的间隔，也不能说可以插入多少东西；因为有人可能会问为什么不应该插入更多。**8** 空间的情况并非如此，比如，如果一个球体内部是空的。所以，那些在时间里、其间没有插入任何东西的事物彼此接触。而由于位置的关系，空间的情况并非如此。

【585】　　空间是无限的，这一点也可以由此得到证明，即不管假设它有多大，我们没有它不变得更大的理由。显然，我们无法给出任何理由，因为空间有着最大的同质性，而且它的存在并不会妨碍其他别的事物。正是因为某些事物已经被造出来，所以很明显，它们还会被造出来，而且既然没有任何规定或限定它的大小的理由，它就会尽可能大，或，绝对无限。

同理可得，不存在真空，无论它是穿插其间的还是巨大的，**9**因为所有的东西都有可能被填满。你还可以从其他方面对一个巨大的超出世界之外的空间（它是无限的，它里面有一个有限的世界）给予特殊的反驳；因为这种物质会在这个空间中分散开来，永远不再聚集到一起。假定世界是充盈的，我们可以证明原子存在。即使不考虑充盈，而仅仅是考虑一切有弹性的事物都被分割成若干点，我们也可以证明原子存在。

原初**形体**都应该是球形的，但它们都应该是直线运动，这似乎非常合乎理性。凝聚体产生于这样一个事实，即如果某些形体被放在一起形成一个内部中空——即充满了更精微的物质——的拱形物，那么这个拱形物很难被打破，因为它的组成部分留下的孔隙太小了，以至于周围的物质无法穿透，从而填满这个空间。这些坚固的形体可以缩小为几乎所有大小的球状体，因为这样它们就能尽可能少的阻碍周围的形体，而且这可以在不破坏它们的情况下实现。所以，一切事物都是由球体构成的，即便它最基本的要素不是球体，也总有一天会回归球体；**10**因此在原子中，多种多样的形状是没有用的，只要所有的原子都是球状的就够了。

形体不同于空间或广延的最好证明来源于此：我们无法仅仅从广延，或从长度、宽度和深度的概念来证明不可入性，也就是说，证明两个广延物不能在同一处所，或者说，两个有广延的固体不可能彼此叠合，即其中一个固体的每一个点都是与另一个固体的某个点没有距离的点。 [111]

23. 思想不运动

A, No.86

1676 年 12 月 [1]

【586】

凡是被我们直接知觉到但又没有被知觉为运动的东西，都不运动。

思想是被我们直接知觉到但又没有被知觉为运动的东西。

所以，思想不运动。

我们可以用这种方法来证明小前提。思想不运动，这一点要么通过感觉被知觉到，要么通过一种源于我们所感知到的东西的推证被知觉到。它不能通过感觉被知觉到，因为没有人能说出他感知到的是什么样的运动。[2] 它也不能通过一种源于我们所感知到的东西的推证被知觉到，因为对知觉本身的知觉是最简单的，即使所知觉到的东西的多样性是巨大的。而从最简单的东西出发，任何东西都无法得到推证；毫无疑问，知觉本身并不包含处所，即使知觉的对象包含处所。因此，思想不包含处所；它也不包含运动，因为运动包含处所。为了使这一推证准确无误，以下这一点必须成立：如果某一事物本身不包含最简单的东西，那么它也就不包含那种包含

【587】这种最简单的东西的东西。（没有部分的，也就没有整体）。广延是最简单的东西。[3] 每一个纯粹——即不受符号影响——的理智活动都能知觉到事物所包含的每一种简单形式。因此，如

果不受符号影响的思想没有在某一事物中知觉到某一简单形式，那么这一简单形式也就不在那个事物中。**4**

24. 论存在

A, No.87

1676 年 12 月？ **1**

为了存在，一切必要条件必然聚合在一起。必要条件是这样一种东西，即没有它，一个事物便不可能存在。一切必要条件的聚合也就是一个事物的完整原因。任何事物都有其存在的理由；因为如果不存在一切必要条件聚合，那么任何事物就都不存在。正如我们很容易推证的那样，存在的理由不在形体中。因为即使你追溯至无限，**2** 你也只不过是增加形体；你不会理解为什么它应该是这样而不是那样。任何给定形体的一切必要条件的聚合都在形体之外。一个形体的一切必要条件的聚合和另一个形体的一切必要条件的聚合都在同一存在者中。那个存在者，无论它是什么，都是事物的终极理由。因为适用于形体的真理同样适用于所有其他事物，无论它们可能是什么，哪怕它们是非必然存在的事物，或者是其存在的理由并不在它们自身之中的事物。必然存在者是唯一的。必然存在者本身包含一切事物的必要条件。必然存在者作用于自身，或者说，它思想。因为去思想只不过就是去感知自身。必然存在者通过最简单的方式来活动。因为在无限多的可能性中，有些是最简单

171

【588】 的；而最简单的就是那些给出最多的。其原因是，不存在任何限制其余者的理由。³ 和谐只不过就是复多性中的某种简单性。美和快乐也在于此。所以，说事物存在就相当于说上帝把它们理解成是最好的，即最和谐的。我们对存在没有任何概念，除非我们理解被感知的事物。⁴ 既然存在只包含在必然存在者的本质中，那么我们对存在也就没有其他任何概念。如果没有有感知的存在者，那么任何事物都不会存在。如果没有一个原初的有感知的存在者，也就是一切事物的原因，那么任何事物都不会被感知。事物的和谐要求形体中应该有作用于自身的存在者。至于作用于自身的存在者的本性，那便是它通过最简单的方式来活动，因为这样才和谐。一经开始，这种情况便会永恒。它里面有它所感知和所做的那些事情的观念，就像上帝里面有祂所感知和所做的那些事情的观念一样；不同的是，在上帝那里，观念是万物的，并且是同时存在的。心灵永远都不会忘记任何事情，因为心灵中的观念不可摧毁。运动，一旦给定，就必然会持续下去。思想，或对自己的感觉，或对自己的作用，一旦给定，就必然会持续下去。但我目前并不觉得，当一个作用于自身的活动主体作用于形体时，这种作用必然会持续下去。它会持续下去，这源于事物的和谐，也就是说，源于上帝的意志。神迹是在某些心灵的帮助下实现的。某些心灵可以独特地与上帝结合在一起，即那些依照理性被赋予了完满的活动的心灵，它们的形体被赋予了巨大的运动能力，以至于它们不可能受到它们周围的那些形体的极大影响。

25. 关于形而上学的笔记 [115]

A, No.39

1676 年 12 月

我们不清楚所有的数字、所有的可能事物、所有的关系或 【399】
反思的数目，这并不奇怪；因为它们都是想象的，在现实中没
有与之对应的东西。例如，假设 a 和 b 之间有一种关系，这种
关系被称为 c；不妨假设 a 和 c 之间有一种新的关系，这种关
系被称为 d，以此类推，直至无穷。似乎没有人会说所有这些
关系都是真的、实在的观念。也许只有那些可以被创造出来的 【400】
事物，也就是说，已经或将要被创造出来的事物，才是完全可
理解的。

毫无疑问，上帝理解我们是如何知觉事物的；正如一个人
想给出一个完满的城镇概念，他会用几种方式来表象它。上
帝的这种理智，就其理解我们的理解方式而言，与我们的理
智非常相似。事实上，我们的理智就来源于它，由此我们可
以说上帝有着在某种程度上与我们相似的理智。因为上帝理
解事物就像我们理解事物一样，只是有这样一个区别，那便
是祂同时以无限多的其他方式理解事物，而我们只以一种方
式理解事物。**1**

如果我们可以假定没有心灵的形体是存在的，**2** 那么一个
人就会像没有心灵一样做一切事情，人们就会像演戏一样，说

着和写着同样的东西，却不知道他们在做什么。但是，这个假定，即没有心灵的形体是存在的，是不可能的。

依我看来，一个实体，或一个完全的存在者，就是那种其本身包含了所有事物的东西，或者说，就是那种为了达到对它的完满的理解而不需要对任何其他事物的理解的东西。形状不是这样的；因为，为了理解这样那样的形状是如何产生的，我们需要求助于运动。每一个完全的存在者都只能以一种方式被创造出来；而外形能以不同方式被创造出来，这一事实充分表明，它们不是完全的存在者。

从整体的结果与完整的原因等价的原则出发 [3]，我们可以推证，所有的东西都是满的。因此，显然存在一种实无限；因为动力在周围物质的帮助下是守恒的，当形体不活动时，周围的物质继续运动，因此携带形体一起运动。但如果不借助于被无限再分割的次级物质，[4] 这种情况便不会分毫不差地发生。实际上，也许运动不可能以任何其他方式发生（假设所有的形体都彼此接触）。

注　释

引　言

1　参见，比如，H. J. M. Bos, "The Influence of Huygens on the Formation of Leibniz's Ideas", *Studia Leibnitiana Supplementa* 17 (1978)，p. 61: 当莱布尼茨在 1673 年初来到英国时，"他对当时的数学文献的无知让他非常难堪"。

2　To Foucher, 1675 (A II.1, 247; GP I, 371)。参看 A 213。

3　A I.1, 491.

4　除了另有说明的之外，莱布尼茨的所有译文都是由我完成的。

5　参见，比如，E. J. Aiton, *Leibniz: A Biography* (Bristol: Hilger, 1985)，p. 57。

6　莱布尼茨逗留巴黎期间，他关于数学、科学和技术的作品的数量是他关于哲学的作品的数量的十倍 (A xv–xvi)。

175

7 顺便说一句，这一对话体的文章可能在莱布尼茨来巴黎之前就已经开始了（A xxii）。

8 贾戈丁斯基版本尽管包含了很多这一时期的哲学意义上的论文，但却不包括 A, Nos. 59, 61, 62, 63, 64, 66, 76, 77。

9 A 472, 475.

10 埃伯特·里瓦德（Albert Rivaud）曾在一篇经典评论 [*Revue de Métaphysique et de morale* 22（1914）, pp. 94 ff.] 中指出，贾戈丁斯基不仅把不同的片段拼凑在一起，遗漏单词和短语，而且还改变标点符号。该版本还存在着严重的误读：比如，在贾戈丁斯基版本的第 112—114 页（A 511—512）中，"Neque pono" 被打印成 "Porro"，"horum, cum" 被打印成 "horum enim"，"Quae cur ita sint" 被打印成 "Quae cum ita sint"，还有就是 "video" 被打印成了 "ideo"。科学院版的编辑们还注意到，贾戈丁斯基有时没有注意到不同的纸张属于同一作品（尤其参见 A, Nos. 68, 69, 74）。

11 A, Nos. 59, 63–66, 69, 78.

12 这些构成了 A, Nos. 36, 39；它们被放在了本卷专门用作"附加说明"的那一部分。

13 我认为莱布尼茨的《论至高无上者》才是"第一次重大尝试"：有人曾令人信服地论证说[Konrad Moll, *Der junge Leibniz* (Stuttgart-Bad Cannstatt: Fromman-Holzboog, Vol. I, 1978; Vol. II, 1982)]，莱布尼茨分别于 1668 年 10 月和 1669 年 4 月写给他以前的老师雅可布·托马修斯（Jakob Thomasius）的两封信 [A II.1, 10—11, 14—24。莱布尼茨在他为尼佐里奥（Nizolius）作品集所加的序言的结尾发表了第二封信的修订版（1670: A VI.2, 433—444; GP IV, 162—174）] 包含了他对

形而上学体系的最初构想。但是，这个构想远没有那么广泛，它所呈现的体系也远没有《论至高无上者》中所包含的体系成熟。

14　关于莱布尼茨不想让人觉得他的观点乏味，参见，比如，A letter to the Landgraf Ernst von Hessen-Rheinfels, 8 December 1686（GP II, 81–82），莱布尼茨在信中说道，他所处理的是那些"不讨人喜欢并且经常遭到最活跃的人和最精于世故的人嘲笑"[H. T. Mason, trans., *The Leibniz-Arnauld Correspondence*（Manchester: Manchester University Press, 1967），p. 102]的问题。

15　关于这些作品的重要性，参看 E. Hochstetter, "Von der wahren Wirklichkeit bei Leibniz", in *Zeitschrift für philosophische Forschung* 20（1966），p. 423；这篇文章另载于 A. Heinekamp, F. Schupp, eds., *Leibniz' Logik und Metaphysik*, Darmstadt: Wissenschaftliche Buchgesellschaft, 1988, p. 453。 ［118］

16　唯一的例外就是 Nos.17–19，它们分别是莱布尼茨递交给斯宾诺莎的那篇论文的两份草稿和一份最终稿。

17　顺便说一句，这并不是莱布尼茨的哲学文章所特有的。谈到莱布尼茨巴黎时期的数学手稿时，埃伯哈德·克诺布洛赫评论说，莱布尼茨经常改变他的兴趣点，经常在同一份手稿中涉及几个主题。参见 Eberhard Knobloch, "Die unveröffentlichen mathematischen Arbeiten von Leibniz（1672–1676）", *Studia Leibnitiana Supplementa* 16（1978），p. 6。

18　我已经在我的论文中进行了这样的尝试，参见"Leibniz's De Summa Rerum: A Systematic Approach", *Studia Leibnitiana* 18（1986），pp. 132–151。

19 请比较一下这个命题与文章《论思想的要素》的最后两句话（A 507）。

20 To Foucher, 1675（A II.1, 248; GP I, 372）。参看 A II.1, 246；GP I, 370。

21 *De synthesi et analysi universali*, 1683–1686（GP VII, 296；关于日期，参见 VE Fasc. 5, p. 900）。另参见 Notes on Descartes, c. 1690（GP IV, 327）；*Animadversiones* on Descartes' *Principles*, 1692（GP IV, 357）；*De modo distinguendi*, 1683–1686（GP VII, 319；参看 VE Fasc. 3, p. 476）；*De principiis*, after 1686（C 183；参看 VE Fasc. 5, p. 908）；*Nouveaux Essais*, 1703–1704, 2.23.15, 4.2.1, 4.7.7, 4.9.2。

22 确切地说，这都是"绝对的同一性命题"，它们不同于"假设的同一性命题"：如果 A 是 B，并且 B 是 C，那么 A 就是 C。

23 C 518。纸张上的水印表明这篇文章的日期为 1686 年（VE Fasc. 8, p. 1998）。在这篇文章中，莱布尼茨认为命题"每一个事物等于它本身"是一个同一性命题。

24 1676 年 11 月 18—21 日（A 579）。莱布尼茨在这里讨论的是最完满的存在者的可能性（关于这一点，参见下面的第 3 节），但这一论点普遍适用。

25 *Animadversiones* on Descartes' *Principles*, 1692（GP IV, 357）。参看 Remarks on Locke's *Essay*, 1695?–1697（A VI.6, 4; GP V, 14）；to Clarke, Paper 2, Nov. 1715, sec. 1（GP VII, 355）；Appendix to *Théodicée*, 1710（GP IV, 413）。同样值得注意的是，莱布尼茨在《论至高无上者》中认为矛盾原则等同于排中原则，即"任何事物要么是要么非"（A 584）。参看 *De verum a falso distinguendi criteriis*, 1685–1687（GP VII,

299 ；参看 VE Fasc. 6, p. 1172）；*Nouveaux Essais*, 1703–1704, 4.2.1。

26　To Foucher, 1686（GP I, 382）。在《人类理智新论》第四卷第二章第 14 节中，莱布尼茨指出，傅歇是"一位有学问并且很精细的人，只是有点太固执于他的亚加德米派了，他很想复兴他的学派"。

27　在《论至高无上者》时期的一篇文章 [*Sur les premières propositions et les premiers termes*, early 1676–autumn 1676?（A 435; C 186）] 中，莱布尼茨对同一原则进行了不一样的辩护。他说，"感官让我们看到'A 是 A'是一个命题，其对立面'A 不是 A'在形式上蕴含着矛盾。感官让人看到的东西是无法推证的"。对此，我们可能会回答说，感官并没有使人看到"A 是 A"是一个命题，这是需要理智来把握的。 [119]

28　*Primae Veritates*, c. 1689（C 518）。对照一篇关于自由的文章（Foucher de Careil, p. 181），它大概写于 1689 年（VE Fasc. 8, p. 1767）。

29　参看 1675 年 12 月的一篇文章（A 462），该文指出，推证就是定义的连接。莱布尼茨在 1676 年夏所写的一篇科学论文 [*De Arcanis Motus et Mechanica ad puram Geometriam reducenda*, Heinz-Jürgen Hess, ed., *Studia Leibnitiana Supplementa* 17（1978）, p. 203] 中也提出了同样的观点，即"每一个推证都是借助于定义，通过分析成同一性命题来完成的"。

30　Foucher de Careil, p. 181。关于日期，参看注释 28。

31　对 照 A letter to Conring, 29 March 1678（A II.1, 398; GP I, 194）。

32　To Magnus Hesenthaler, 1671（A II.1, 200）；Letter for Gallois, 1672（A II.1, 229）；*Elementa Juris Naturalis*, 1670–1671?（A VI.1, 461）。需要补充的是，莱布尼茨一直都在强调对通常所认为的公理持一种批判态度的重要性，以及在可能的情况下将它们还原为同一性命题的重要性。参见，比如，*Demonstratio propositionum primarum*, autumn 1671–early 1672?（A VI.2, 479–480）；*Recommendation pour instituer la science générale*, 1685–1686?（GP VII, 165；参看 VE Fasc. 6, p. 1184）；*Animadversiones* on Descartes' *Principles*, 1692（GP IV, 355）；*Nouveaux Essais*, 1703–1704, 1.3.20, 4.7.1, 4.7.10。莱布尼茨在《论至高无上者》时期的一封信 [To Mariotte, July 1676（A II.1, 270）] 中还提到了推证假定的公理的可取性。在这里，莱布尼茨谈到了那些像法国数学家罗伯威尔（Roberval）一样"希望推证一切可推证的东西"的人，他说这样的人是不会气馁的。

33　*Elementa Juris Naturalis*, 1670–1671?（A VI.1, 461）；*Specimen Calculi Universalis*（C 242）和 *Ad Specimen Calculi Universalis Addenda*（GP VII, 226：这两篇文章大概写于 1678 年至 1684 年间；VE Fasc. 1, pp. 94, 107）；*Generales Inquisitiones*, 1686（C 365）。

34　*Characteristica verbalis*, c. 1679（C 432；参看 VE Fasc. 5, p. 1057）。另参见 *Analysis Linguarum*, 11 Sept. 1678（C 351）；*Fundamenta Calculi Ratiocinatoris*, 1688–1689?（GP VII, 204；参看 VE Fasc. 6, p. 1203）。

35　更确切地说，在上帝存在的本体论论证的语境下。这一点将在本节的后面讨论。

36　A 311。这些笔记大概写于 1676 年。

37　稍后，我们将在讨论莱布尼茨关于人类心灵的论述时回到观念这一话题上来（本卷原文引言第 45 页）。

38 笛卡尔在莱布尼茨写给斯宾诺莎的文章的注释中被提到过（A 579）；他也是众多被认为有着更高级的但却类似于安瑟伦的论证的"其他人"中的一员（A 511）。

39 *De Synthesi et Analysi Universali*, 1683–1686?（GP VII, 294；参看 VE Fasc. 5, p. 900）；*Specimen Inventorum*, [GP VII, 310。有一个地方（VE Fasc. 3, p. 482）表明完成这一作品的时间应该介于 1677 年至 1695 年之间。但是，该作品却提到了（GP VII, 309）偶然性真理需要进行无限分析这一论点，而莱布尼茨似乎是在 1686 年（*Generales Inquisitiones*; C 388–389）才给出了这一论点，所以这表明这一作品的时间应该介于 1686 年至 1695 年之间]。 [120]

40 A 395—396, 572, 575, 577, 578–579.

41 我在我的著作中对这一论证作了阐述，参见 *Logic and Reality in Leibniz's Metaphysics*（Oxford: Clarendon Press, 1965; reprinted New York, Garland, 1985），pp. 79–82。

42 Grua, p. 325. 关于日期，参见 VE Fasc. 6, p. 1252。

43 确切地讲，斯宾诺莎说的是，一个它的存在属于其本质的存在者是一个"自因"（*Ethics* I, Def. 1），他最早在《伦理学》第一部分命题 11 中对上帝存在所作的论证就是以这一定义为基础的。

44 Discussion with Eckhard, 15 April 1677（A II.1, 312; GP I, 212–213）；*Animadversiones* on Descartes' *Principles*, 1692（GP IV, 359）；*Extrait d'une lettre*, Sept. 1701（GP IV, 405）；To Bierling, 10 Nov. 1710（GP VII, 490）.

45 除了上述注释中列举的文章，另参见 A 576, 582–583。

46 To Eckhard, 28 April 1677（A II.1, 323; GP I, 223–224）。另参见 Discussion with Eckhard, 15 April 1677（A II.1, 312; GP I, 212–213）。

47 这个原则是根据上帝的全知提出的，但它可以被普遍化。

48 对照 *Discours de Métaphysique*, 1686, sec. 35（GP IV, 461）。

49 关于这一点，对照本卷原文引言第 7 节第 35 页。

50 另一篇文章（A 396）提到了绝对存在，不过那里所说的绝对存在，不是完满性，而是"永恒或必然"。关于永恒，另参见本卷原文引言第 7 节第 37 页。

51 《形而上学谈》[*Discours de Métaphysique*, 1686, sec. 1（GP IV, 427）]可能给出了答案。在这里，莱布尼茨说道，完满性的一个标志是，那些不容许有最高等级的形式或本性，比如，数量或形状，都不是完满性。

52 参看 A 465：上帝作用于祂自身，是因为祂是自因。

53 参看 A 465：上帝理解，是因为祂作用于祂自身。

54 对照引言中关于和谐原则的论述（参见本卷原文引言第 25—27 页）。

55 关于其他的表述，参见 *Logic and Reality in Leibniz' Metaphysics*, pp. 59–62。

56 To Charke, Paper 2, Nov. 1715, sec. 1（GP VII, 355）.

57 *Discours de Métaphysique*, 1686, sec. 13（GP IV, 438）；参看 *Monadology*, 1714, secs. 33–35（GP VI, 612）; To Clarke, Paper 2, Nov. 1715, sec. 1。

58 对照莱布尼茨写作《论至高无上者》时期的一封信，即 A letter to Foucher, 1675（A II.1, 245; GP I, 369）。

59　参看 *Confessio Philosophi*, autumn 1672–winter 1672–1673？（A 126）："所以，我愿将其对立面蕴含着矛盾的东西叫做'必然的'。"

60　比如，*Discours de Métaphysique*, 1686, sec. 13（GP IV, 437）；*De Rerum Originatione Radicali*, 1697（GP VII, 302）；*Causa Dei*, 1710, sec. 21（GP VI, 441）；To Clarke, Paper 5, Aug. 1716, sec. 4（GP VII, 389）。

61　关于这方面的更全面的论述，参见 *Logic and Reality in Leibniz's Metaphysics*, pp. 62–68。

62　参见，比如，To Magnus Wedderkopf, May？1671（A II.1, 117）；*Confessio Philosophi*, Autumn 1672–Winter 1672–1673（A 132）。 [121]

63　*Discours de Métaphysique*, 1686, sec. 13（GP IV, 438）；To Arnauld, 14 July 1686（GP II, 56）.

64　因此他有这样一个说法，即"需要给出理由的原则"（principium reddendae rationis），参见 *Specimen Inventorum*, 1686–1695？（GP VII, 309）。

65　*Critique of Pure Reason*, B 638（trans., Kemp-Smith）.

66　这里的论证的出发点是形体的运动，而不是纯粹的形体的存在。

67　另参见 *Specimen Inventorum*, 1686–1695（GP VII, 310）；*Principes de la Nature et de la Grâce*, 1714, sec. 8（GP VI, 602）。

68　A VI.1, 492；GP IV, 109。对照后期的《单子论》，参见 *Monadology*, 1714, secs. 36–39（GP VI, 612–613）。

69　To Clarke, Paper 5, Aug. 1716, sec. 9（GP VII, 390）；*Théodicée*, 1710（GP VI, 44）。它也被称作"合宜原则"，参见 *Monadol-*

ogy, 1714, sec. 46（GP VI, 614）；另参见 *Principes de la Nature et de la Grâce*, 1714, sec. 11（GP VI, 603）；还可参见一篇 1696 年之后完成的关于哲学的划分的文章（C 528）。它还被称作"完满原则"，参见 *De Libertate*，日期不详（Grua, 288；参看 VE Fasc. 2, p. 275）；另参见 *De Rerum Originatione Radicali*, 1697（GP VII, 304）。莱布尼茨有时会将充足理由原则和最佳原则区分开来，比如，C 528，有时会用"充足理由原则"来指代最佳原则，参见，比如，To Clarke, Paper 2, Nov. 1715, sec. 1, 以及 *Logic and Reality in Leibniz's Metaphysics*, pp. 105–106。

70 参看 To Clarke, Paper 5, sec. 9。

71 早在一封信（A letter to Wedderkopf of 1671; A II.1, 117）中，莱布尼茨就已经说过，上帝意愿祂理解为最和谐的事物。

72 斯宾诺莎就是一个明显的例子；不过，莱布尼茨在《神正论》（*Théodicée*, secs. 170–173; GP VI, 212–217）中还提到了麦加拉学派的狄奥多鲁斯（Diodorus）、阿贝拉尔（Abelard）、威克里夫（Wyclif）和霍布斯。

73 参看莱布尼茨在一封信（A letter to Arnauld, Nov. 1671, A II.1, 174; GP I, 73）中所提到的那篇文章，*Elementa Juris Naturalis*, 1670–1671？（A VI.I, 484）。

74 *Confessio Philosophi*, autumn 1672–winter 1672–1673？（A 122）。另参见 *De Conatu et Motu*, 1671（A VI.2, 283）。

75 参看 A 582：那些包含最多实在性的事物应该优先存在。

76 *De Rerum Originatione Radicali*, 1697（GP VII, 303）。参看 *Discours de Métaphysique*, 1686, secs. 5–6（GP IV, 430–431）。

77　同样，如果莱布尼茨是一致的，那么当他在前一篇文章（A 507）的结尾说"我意识到了这个或那个东西，即我所感觉到的东西"时，他意识到的必定是显象。

78　这个话题将在第 8 节中得到更详细的讨论。

79　参看 To Foucher, 1675（A II.1, 248; GP I, 372）："我们的显象有一种内在的联系，它能够让我们成功地预测未来的显象。"

80　参看 A 512："当我们说形体存在时，我们的意思是，存在着某种一致的感觉，它有一个特定的不变的原因。"　[122]

81　Descartes, *Principles of Philosophy*, IV, 205.

82　参见 H. Lestienne, ed., *Leibniz: Discours de Métaphysique*（Paris: Vrin, 1952）, secs. 34–35。另参见这几段话的译文，R. N. D. Martin, Stuart Brown, eds., *G. W. Leibniz: Discourse on Metaphysics and Related Writings*（Manchester: Manchester University Press, 1988）。

83　关于实体是实体形式，参见，比如，Draft of a letter to Arnauld, Dec. ? 1686（GP II, 72）; *Considerations sur les Principes de Vie*, 1705（GP VI, 539）。关于实体包含实体形式，参见，比如，*De ipsa Natura*, 1698（GP IV, 511–512）; *Théodicée*, 1710, sec. 87（GP VI, 149）。

84　这一点就隐含在下述事实当中，即在《形而上学谈》中，莱布尼茨在断言任一实体都"表现……宇宙中过去、现在和未来所发生的每件事情"（*Discours de Métaphysique*, sec. 9）之后，紧接着就引入了实体形式（sec. 10）。

85　比如，To Arnauld, 14 July 1686（GP II, 58）; *Primae Veritates*, 1689?（C 523）; *Système Nouveau*, 1695（GP IV, 478）。

185

86 *Discours de Métaphysique*, 1686, sec. 12（GP IV, 436）; To Arnauld, 14 July 1686（GP II, 58）.

87 我在我的著作中讨论了这一论点，参见 *Logic and Reality in Leibniz's Metaphysics*, pp. 129–137。

88 确实非常遥远，因为成熟时期的莱布尼茨否定了物质原子论。他对这个话题的看法将在第 8 节讨论。

89 那两篇文章分别是 A 393（1676 年 3 月 18 日）和 A 491（1676 年 4 月 1 日）。那篇完成的时间最多能够精确到 1676 年 4 月的文章（A 521）也可能早于这篇写于 4 月 15 日的文章。

90 关于这一理论，参见 J. W. N. Watkins, *Hobbes' System of Ideas*（London: Hutchinson, 2nd ed., 1973）, pp. 87–94；另参见 Daniel Garber, "Motion and Metaphysics in the Young Leibniz", in Michael Hooker, ed., *Leibniz: Critical and Interpretive Essays*（Minneapolis: University of Minnesota Press, 1982）, pp. 168–178。

91 Anthony Quinton, "Spaces and Times", *Philosophy* 37（1962）, pp. 130–147；这篇文章另载于 Quinton, *Thoughts and Thinkers*（London: Duckworth, 1982）, pp. 108–122。

92 将名词 "immensitas" 和相应的形容词 "immensus" 分别译成 "immensity" 和 "immense" 有可能会引起误解。一方面，在现代英语中，"immense" 的意思是 "广阔无垠的"；另一方面，对莱布尼茨来说，上帝与其说是一个非常大的存在者，不如说是一个无法测量的存在者［因此，他在一篇文章（A 475）中说，这个术语相当于 "无限"］。由于这个原因，这些词在这里分别被译成 "immeasurability"（不可测量性）和 "immeasurable"（不可测量的）。

93　A 520（April 1676 ?）。关于上帝的不可测量性，另参见
A 391—392（18 March 1676）和 A 523（April 1676）；还可参见 To
Clarke, Paper 5, Aug. 1716, sec. 45。

94　参看莱布尼茨后期的一篇文章（A 587, Dec. 1676），广延在
这里被称作"最简单的东西"，这表明它是一种完满性。

95　参看 A 391（18 March 1676）：空间变化的过程中始终不变的　　[123]
是上帝的不可测量性。

96　关于空间的本性，参看 A 484（early 1676 ?）。

97　参看 A 391（18 March 1676）。

98　需要补充的是，莱布尼茨曾在一篇大概写于 1671 年下半年
的关于有形事物的本性的文章中论证过空间的无限性。在这篇文章
（A VI. 2, 307）中，他的论证很简单：只要我们愿意，我们总可以设
想出空间其他的界限。

99　《论至高无上者》给出了区分物质和空间的其他论证。莱布
尼茨断言（基于某些与我们这里的讨论无关的理由；可参见 A 524），
物质的基本粒子必定是球形的；那么，不管有多少球体，它们都不能
填满一个整体（A 526, early ? 1676）。另一个稍晚一些的论证——莱
布尼茨宣称它是最好的证明（A 585, 12 Dec. 1676）——则基于这样
一个事实，即形体是不可入的，而仅从长度、宽度和深度上考虑，我
们是无法得出不可入性的概念的。

100　这并不是说莱布尼茨在写《论至高无上者》期间没有讨论
这个问题；相反，我们可以在 1676 年 10 月 29 日至 11 月 10 日完成
的《帕西迪乌斯与爱真理者的对话》（*Pacidius Philalethi*, A 553—556）
中看到对这一问题的详细讨论。

101 蜉蝣是蜉蝣科的昆虫。1675 年末，契恩豪斯曾提醒莱布尼茨留意施旺麦丹关于蜉蝣的著作，即 *Ephemeri vita*, 1675。（参见 A 380）

102 莱布尼茨在一封信（A letter to Remond of 29 July 1715; GP III, 648）中提到过这一对话体文章。这个作品本身（GP VI, 588）指的是 1712 年《特雷伍斯纪实》（*Mémoires de Trévoux*）上发表的莱布尼茨与哈特索科的通信。

103 关于绵延与时间，另参见 To de Volder, 3 July 1699（GP II, 183）和 Remarks on Descartes, May 1702（GP IV, 394）。

104 这种模棱两可对他来说并不新鲜，而是可以在标准的神学著作中被找到。参见，比如，A. J. Kenny, *The God of the Philosophers*（Oxford: Clarendon Press, 1979）, pp. 38–48。

105 另参见 1676 年 3 月 22 日的笔记："绝对存在就是永恒或必然"（A 396）。

106 这或许预示着他后期提出的这样一种观点，即"就时间而言，只有瞬间存在"[To de Volder, 11 Oct. 1705（GP II, 279）]。

107 这似乎就是所谓的"其间没有插入任何东西的两个瞬间状态"。

108 关于莱布尼茨在《论至高无上者》之前对原子论的接受，参见，比如，*Confessio Naturae contra Atheistas*, 1669（A VI.1, 491–492; GP IV, 108–109）；*Hypothesis de Systemate Mundi*, 1671（A VI.2, 293–294）。另参见 Daniel Garber, "Motion and Metaphysics in the Young Leibniz", in Michael Hooker, ed., *Leibniz: Critical and Interpretive Essays*（Minneapolis: University of Minnesota Press, 1982）, pp.

160–167。

109　在那段莱布尼茨似乎试图调和真空的存在与充实空间的存在的话中，他说（A 473, 11 Feb. 1676），形而上学的真空与物理学的充实空间并不矛盾。或许他的意思是，就科学而言，没有真空，但就形而上学而言，有真空。如果这是他的论点，那么必须说，这与他后来的观点相反，因为他后来认为，实际上没有真空。

110　这并不是《论至高无上者》就这一结论给出的唯一论据。[124]
在 1676 年 12 月的一份笔记中，莱布尼茨论证说，实无限的存在源于"动力的守恒"。关于莱布尼茨对守恒定律的辩护，参见本卷原文引言第 9 节第 42—44 页。

111　莱布尼茨还论证说，根据"整体的结果必定与完整的原因等价"的原则，"所有的东西都是满的"（A 400, Dec. 1676）。引言第 9 节将讨论这一原则。

112　在同一附笔中，莱布尼茨通过充足理由原则驳斥了原子存在的说法，并提出了这样的疑问："能够提出什么理由来限制自然再分割的过程呢？"［参看 *Primae Veritates*, 1689？（C 522）；*Specimen Inventorum*, 1686–1695（GP VII, 317）］我们在《论至高无上者》中似乎看不到这样的论证，不过，我们在同一时期的《帕西迪乌斯与爱真理者的对话》中能看到（A 561）。

113　参看 To Arnauld, 23 March 1690（GP II, 138）；To Clarke, Paper 2, Nov. 1715（GP VII, 356）。

114　在《单子论》第 65 节中，莱布尼茨论证说，物质的每一个粒子实际上都被无限再分割，因为只有这样，每一部分才能表现整个宇宙。关于表现的概念，以及它在《论至高无上者》中的出现，参见本卷原文引言第9节第41—42页。在《论至高无上者》中，莱布尼茨本来还可以通过后来建立在不可分辨者的同一原则（关于《论至高无上者》中的这一原则，参见本卷原文引言第6节第32页）基础上的论证来反对真空，但他却没有。而这个论证是这样的，即"一个空的空间的不同部分……是无法彼此区分开来的，所以它们将只是在号数上不同，而这是荒谬的" [*Primae Veritates*, 1689? (C 521)；参看 the Preface to the *Nouveaux Essais*, 1703–1704 (A VI.6, 57; GP V 52)]。

115 *Théodicée*, 1710, sec. 14 (GP VI, 110); *Specimen Inventorum*, 1686–1695 (GP VII, 316); *Nouveaux Essais*, 3.6.12.

116 *Considerations sur les Principes de Vie*, 1705 (GP VI, 543, 548); To R. C. Wagner, June 1710 (GP VII, 531).

117 *Primae Veritates* (C 520)。参看一篇1686年之后的关于不可分辨者的同一性的文章 (C 8); *Specimen Inventorum* (GP VII, 311); To de Volder, April 1702 (GP II, 240); *Nouveaux Essais*, 2.25.5。

118 A 301。参看本卷第14篇文章注释4。

119 莱布尼茨有时认为这一命题来自他的真理本性学说（*Primae Veritates*, C 520），有时认为这一命题来自他的这一"实体的概念是完全的"观点，而这种观点同样来自他的真理本性学说（*Specimen Inventorum*, GP VII, 311）。

120 参见，比如，*Conspectus Libelli Elementorum Physicae*, 1678–1682 (VE Fasc. 3, p. 651); *Specimen Dynamicum*, 1695 (GM VI, 241, 245); To des Billettes, 21 Oct. 1697 (GP VII, 455); *Théodicée*, 1710, sec. 346 (GP VI, 319); *Principes de la Nature et de la Grâce*, 1714, sec. 11 (GP VI, 603)。

121　莱布尼茨这里所说的结果必定是一个逻辑上的结果；他之前就已经说过，这种状态随时间而来。

122　参看前面的注释29，其中引用了这篇文章。

123　在同一篇文章中，莱布尼茨从运动量守恒和事物充盈的假　　　[125]
设（A 469："形体的运动就是扩张……"）中得出了物质守恒的结论。这种论证似乎是这篇文章所特有的。

124　最有名的一段可能来自写于1686年初的《形而上学谈》第17节。

125　E. Hochstetter, "Von der Wahren Wirklichkeit bei Leibniz", *Zeitschrift für philosophische Forschung* 20（1966），p. 428（另载于 A. Heinekamp and F. Schupp, eds., *Leibniz' Logik und Metaphysik*, Darmstadt: Wissenschaftliche Buchgesellschaft, 1988, p. 460）；另参见 Michel Fichant, *Studia Leibnitiana Supplementa* 13（1974），pp. 196–197。

126　这一点在上一段引用的文章中有所暗示；另参见 *Confessio Philosophi*, autumn 1672–winter 1672–1673?（A 116）："心灵的本性就是去思想。"

127　关于"思想不运动"这一论点，参看一篇写于1676年12月的文章（A 586–587）。

128　必然存在者也被认为作用于它自身（A 587），这就引出了一个问题，即上帝是否也是通过反思来行动的。也许我们可以说祂就是这样做的，因为在祂创造宇宙的过程中，祂考虑了各种可选方案，并选择了最好的。

129　巴黎时期，参见 *Confessio Philosophi*,（A 135）。巴黎时期之前：*De Vi Persuadendi. De Somnio et Vigilia*, 1669–summer 1670?（A

VI.2, 276）; *Demonstratio Propositionum Primarum*, autumn 1671–early 1672?（A VI.2, 482）; *Wilhelmus Pacidius*, 2nd half of 1671–early 1672?（A VI.2, 511）。巴黎时期之后: *Animadversiones* on Descartes'*Principles*, 1692（GP VII, 362）; *Nouveaux Essais*, 1703–1704, 2.21.47。

130 关于这篇文章的日期，参见 A. Robinet, *Studia Leibnitiana* 1（1969）, p. 87. 关于被造灵魂需要形体，参看 *Théodicée*, 1710, sec. 120（GP VI, 172）; To de Volder, 20 June 1703（GP II, 253）。

131 To Arnauld, 9 Oct. 1687（GP II, 112）。 参 看 *Discours de Métaphysique*, 1686, sec. 14。

132 如果唯一的实体就是心灵，那么这就相当于说，每一个实体都能知觉到整个世界发生的一切。但这篇文章没有任何现象论的迹象。

133 参考注释 131 中提到的参考文献；另参见本卷原文引言第 9 节第 42 页。

134 参看 To Arnauld, 30 April 1687（GP II, 91）; 9 Oct. 1687（GP II, 113）。

135 或者，他可以诉诸充足理由原则，然后得出结论说没有理由认为这些影响会终结。对照他在大概写于 1689 的《原初真理》（C 523）中给出的一个类似的论证：有形实体一旦持续存在，它就会永远持续存在，因为没有改变的理由。

136 他在《论至高无上者》中并没有解释为什么会这样。后来（*Discours de Métaphysique*, sec. 35; *Monadology*, secs. 83–84; *Principes de la Nature et de la Grâce*, sec. 15），他说，正是由于它们的理性，心灵才与上帝有了特别密切的关系。这种论证与莱布尼茨在《论至高无

上者》中的思想非常一致。

137　参看 A 477 :"任何正确理解这些事情的人……"

138　莱布尼茨并没有说,上帝的恩典在于赋予我们以善良的　　　[126]
意志。他的意思似乎是上帝的恩典在于赋予我们以意志——自由的
意志。

139　To Clarke, Paper 1, Nov. 1715, sec. 4。参 看 Paper 2, Nov.
1715, secs. 8–9, 12; Paper 3, Feb. 1716, sec. 16。

140　*Système Nouveau*, 1695（GP IV, 483）; To Basnage de Beau-
val, 13 Jan. 1696（GP IV, 499）.

141　有人可能会提到 Martial Gueroult, *Leibniz: Dynamique et
métaphysique*（Paris: Aubier, 2nd ed., 1967）; 以及 Gerd Buchdahl, *Meta-
physics and the Philosophy of Science*（Oxford: Blackwell, 1969）, pp.
388–469。

142　它能追溯到多远,这仍有待确定。但在莱布尼茨的"真理
内在包含说"的发展中,似乎有一个重要的部分,那就是他于 1679
年 4 月所写的一系列逻辑学的文章。(尤其参见 *Elementa Calculi*, C
51; *Calculi Universalis Investigationes*, C 67; *Calculus Consequentiarum*,
C 85。关于最后提到的那篇文章的日期,参见 VE Fasc. 7, p. 1537)
在这些文章中,莱布尼茨断言,说一个命题为真,就等于说谓项的概
念存在于主项的概念之中。由此很容易得知,只要一个命题的谓项的
概念存在于主项的概念之中,这个命题便为真。

1. 论心灵、宇宙和上帝

1　这个日期可能是莱布尼茨后来加上的。这篇文章似乎是在这

个月的下半月写的，因为在同一页纸上，它后面紧跟着是 1675 年 12 月 28 日写给奥尔登堡（Oldenburg）的一封信的摘录。

2 1668 年出版。

3 这里的上下文表明莱布尼茨心中有某种理性的程序。参看 *Pacidius Philalethi*, 29 Oct.–10 Nov. 1676（A 529），它谈到了从已知到未知的"程序"。

4 关于同一种观点的其他表述，参见本卷原文引言第 2 节第 16 页，以及注释 29—32。

5 必要条件是"那样一种东西，即如果它没有被给予，事物便不存在"：*Demonstratio propositionum primarum*, late 1671–early 1672？（A VI.2, 483）。另参见 *Confessio Philosophi*, autumn 1672–winter 1672–1673？（A 133）。

6 莱布尼茨在 1677 年 8 月写的关于真理与符号的对话体文章中提到了这一点，他在文中指出，（例如）符号 0 与无没有任何相似性，符号 a 与一条线也没有任何相似性（GP VII, 192）。因此，在这一方面，定义不同于"可感的影像"。

7 原文写的是 "magis"；但毫无疑问，莱布尼茨心里想写的是 "majus"。

8 莱布尼茨可能想到了一种他后来在《帕西迪乌斯与爱真理者的对话》中用到的推理。假设一个轮子以最快速的运动旋转；将它的半径延长到圆周之外，并在此延长部分上任取一点；那么这个点将比轮毂上的点旋转得更快（A 551–552）。

9 后来，莱布尼茨认为这是可证明的，他抨击了笛卡尔的这种说法，即物质连续不断地呈现它所能呈现的所有形式（Descartes,

Principia Philosophiae, III, 47)。 参 见， 比 如，letters to Christian Philipp, Nov. 1679（GP IV, 281–282）and Jan. 1680（GP IV, 283–284）；另参见 *De Libertate*, 1689?（Foucher de Careil, p.179）。

10　对照 1676 年之后写的一篇文章中的一句话，即"那种蕴含 [127] 着矛盾的事物，或其对立面是必然的事物，都被称作'不可能的事物'"（*De Necessitate et contingentia*, C 17。这篇文章的日期至今尚未精确确定：VE Fasc. 3, p.455）。

11　参看 *Confessio Philosophi*, A 128–129。

12　"common notions" 的意思是公理。这个术语可以追溯至古希腊，例如，欧几里得的公理就被称作"koinai ennoai"，即"common notions"。稍后（No. 10, 15 April 1676; A 508）莱布尼茨回答了这个问题，他说"我拥有这样那样的显象"这一命题是一个原初真理。

13　莱布尼茨后来在巴黎逗留期间提出了关于无限空间的中点的问题。参见 *Linea interminata*, April 1676, A 486–487（没有被收入本卷）。

14　也许"给定的直线"可以被理解为一条无限长的直线。

15　也许是因为世界四面八方被无限的空间所包围，每一个无限的距离都等于任何其他一个无限的距离。

16　将"hinc absit"放入以"et medium"开头的从句中。

2. 论物质、运动、最小部分和连续体

1　科学院版的编辑们指出，在写这些笔记之前，莱布尼茨一定读过笛卡尔的《哲学原理》的前两部分（参看 A 213–217: writer 1675–1676–early 1676?）。

2 从上下文来看，莱布尼茨的意思不是去存在就是能够被知觉；他指的是如此这般的存在。

3 他生命的最后一年，也就是在他与克拉格争论的过程中，莱布尼茨发展了这一论点：To Clarke, Paper 5, Aug. 1716, sec. 29（GP VII, 395）。

4 原文字面意思是"广延物"。

5 参看 *Pacidius Philalethi*, 29 Oct.–10 Nov. 1676（A 554–555）。

6 原文"implicare"在这里表示的是"implicare contradictionem"；参看 A 489。

7 这里也许指的是笛卡尔对"精微物质"的存在的论证，参见 *Principia Philosophiae*, III, 47。

8 科学院版的编辑们在这里提到了 Galileo, *Discorsi*, III；Descartes, *Principia Philosophiae*, II, 36–37；Hobbes, *De Corpore*, II, 8, 18–19, and III, 15, 1；Archimedes, *De Spiralibus*。

9 原文字面意思是，"上帝的事物的不变性"。

10 *Principia Philosophiae*, II, 36–37.

11 这里指的是第一段的论点。

12 对照前面的文章，A 463："'不可能的事物'这一概念有两个方面……"

13 这个论点似乎是，如果一个形体的一部分首先移动得更快，那么这个形体就必须移动得更慢，以保持运动量守恒，而这意味着它必须变得更重。

14 这里需要指出的是，如果它小于或等于最小的部分，它就会是那一批已经假定被取走的最小部分中的一个。

15 也就是说，最小部分并不存在于连续体之中，或者说，是它的部分。

16 莱布尼茨想到的似乎是一个不停运动并因此将超出宇宙边界的形体。 [128]

3. 论崇高的秘密，或论至高无上者

1 关于这一论证，参看本卷原文引言第 3 节第 20 页。

2 也就是说，拥有上帝的其他属性。

3 这是莱布尼茨所构思的作品的暂定标题。关于将"summa rerum"译为"至高无上者"，参见本卷原文引言第 1 节第 13 页。莱布尼茨以前曾在他为 1670 年出版的尼佐里奥作品集所加的序言中以同样的方式使用过这个措辞。在那里，他将他所谓的"自然的虔敬"（pietas naturalis）与"关于至高无上者的知识"（scientia de summa rerum）等同了起来（A VI.2, 429; GP IV, 159）；因此他将这种知识与形而上学等同了起来，反过来，也就将形而上学与神学等同了起来。

4 关于这些"小球体"，参看 A 30–34, 39–42, 52–53, 61–62, 70–71。"小球体"（terrella）事实上就是小球（globule）；莱布尼茨可能更愿意使用"小球体"（terrella）一词，而不是"小球"（globulus），因为他抛弃了笛卡尔关于"小球"（globuli）的论述（A 24–25, 33）。

《论至高无上者》中有几处（参看 A 393, 474, 477, 480, 509, 518, 525）提到了涡旋，这里是第一次提到。在莱布尼茨的物理学中，物理学宇宙是一个由以太组成的充实空间，以太中存在着由其旋转所携带的固体，这是莱布尼茨物理学的基本观点。早在《新物理学假说》（*Hypothesis Physica Nova*, 1671）中，莱布尼茨就已经通过以太的环

197

流来解释地球的运动（A VI.2, 426）以及重力和弹力（A VI.2, 227,
249）。这样的环流让人想起了笛卡尔的涡旋理论，但事实上，《新物
理学假说》的灵感来自莱布尼茨对霍布斯的研究（A VI.2, xxxi–xxxii,
219–220）。莱布尼茨在他1689年2月发表的《对天体运动原因的证明》
（*Tentamen de motuum coelestium causis*）中对涡旋概念进行了进一步
的发掘，通过它解释了行星的运动（GM VI, 144–161）。

在《论至高无上者》中，莱布尼茨区分了"一般的无限涡旋"（A
474; 参看 A 480）和特殊的涡旋，并认为（A 393, 509, 525）涡旋和固
体一样多。这种区分延续了他之前对普遍旋转和特殊旋转（"gyrus"）
所做的区分：参看 *Summa Hypotheseos Physicae Novae*（second half of
1671 ?, A VI.2, 365–367）以及 *Propositiones quaedam physicae*（early
1672–autumn 1672?, A 29–31）。这段话（A 473）显然指的是特殊涡旋
的形成。（另参见 A 477 的注释 22）

5 关于这一点的论证也许是，如果一个形而上学的真空小于任
何可赋值的大小，那么它就是不可观测的，所以物理学家可能会假定
它不存在。

6 在古典拉丁文中，"caementum"的意思是碎石或石屑；可是，
在这里，莱布尼茨用它是为了指代现在被称作"黏合剂"的东西。参
看 C 467，来自 1702 年—1704 年前后的一份定义列表。

7 对照 A 473，"顺便提一句……"

8 对照 A 465。

9 对照本卷第 1 篇文章的注释 5。

[129] **10** 这个拉丁短语来自《尼西亚信经》，它在那里指的是耶稣基
督。莱布尼茨的意思大概是，上帝是自因（causa sui）。

11　莱布尼茨似乎是在暗示，我们不需要无理数就可以描述自然；参见接下来对圆的引证。

12　参见 B. Cavalieri, *Geometria indivisibilibus continuorum nova quadam ratione promota*, 1st ed., 1635。另参见 A VI.2, 265。

13　参见 Conrad von dem Vorst, *Tractatus theologicus de Deo*（1610），傅斯修（1569—1622）是一位阿民念派神学家，他在 1618 年—1619 年的多特会议上被判为异端。

14　参见 Liber Froimond, *Labyrinthus de compositione continui*（1631）。莱布尼茨早在 1671 年就引用过这本书（A II.1, 111）。另参见，比如，*Discours de Métaphysique*, 1686, sec. 10（GP IV, 435）。莱布尼茨还意识到了另一个"著名的迷宫"，即自由与必然的迷宫；参看 *Théodicée*, 1710, Preface（GP VI, 29）。

15　参看 1672 年末或 1673 年初的一篇文章，*De minimo et maximo. De corporibus et mentibus*。莱布尼茨在这里（A 99）辩称，"一个点可以无限小于另一个点。因为一个接触角是一个点，一个直线角也是一个点；但是，直线角，无论多小，都大于任何接触角"。关于接触角的问题，参见 E. de Olaso, "Scepticism and the infinite", in A. Lamarra, ed., *L'Infinito in Leibniz*（Rome: Ateneo, 1990），pp. 103–113。

16　莱布尼茨后来讨论了"上帝的不可测量性"概念；尤其参见他 1676 年 3 月的笔记，即本卷第 7 篇文章（A 391）。关于无限的东西和无限定的东西的区别，另参见 1676 年 2 月莱布尼茨对斯宾诺莎的一封信所作的注释（A 281, note 24）。

17　莱布尼茨在文章的最后否认了这一点（A 477）。

18　也就是说，所有被视为形成一个整体的可能事物。

19 莱布尼茨似乎是在暗示，谁都无法想到所有的可能事物。参看本文注释 18。

20 对照 A 475 中对无限的东西和无限定的东西所作的区分。关于莱布尼茨后来对永恒诅咒的理解，参看 *Théodicée*, secs. 266–272（GP VI, 275–280）。

21 莱布尼茨的意思是，这绝对不适用于所有的心灵，尤其是不适用于智者的心灵。

22 这一段的思路似乎是这样的。我们可以认为，"每个心灵都有一个涡旋"这一论断（关于该论断，参看 A 393）是"每个心灵都被植入物质"这一说法以及本文前面给出的"固体通过它们的运动产生涡旋（也就是说，在以太中）"这一说法的推论。（A 473；参看 A 393。另参见 A 509, 525: 有多少固体，就有多少涡旋）。在提到"心智"时，莱布尼茨所指的无疑是亚里士多德理论中的行星心智。提到的障碍也许是，我们很难把心灵归于行星，因为它们的运动似乎缺乏心灵所必须具有的自由度。莱布尼茨的回答似乎是，只要行星心智明白它们必须做什么，并（作为系统的成员）与上帝交流，它们就不会希望以一种不稳定的方式移动。莱布尼茨的下一个观点，即心灵无处 [130] 不在，在引言的第 6 节得到了讨论——这一节考察了他的这一论点，即每一个物质事物都必须有一个心灵。

23 莱布尼茨似乎在暗示，数字 1 在数学上相当于上帝。后来，莱布尼茨用二进制数制的类比来表达创造，他说，就像所有的数字都可以用 1 和 0 来表示一样，所以一切事物都来自上帝和虚无。参见 *De Organo sive Arte Magna Cogitandi*, 1679–1682?（C 430–431;VE Fasc. 5, p. 1053）；*Vindicatio justitiae divinae*, 1686?（Grua, 371;VE Fasc.

1, p. 46）；*Dialogue effectif sur la liberté de l'homme*, 25 Jan. 1695（Grua, 364）；letter to Morell, 14 May 1698（Grua, 126）。

4. 论灵魂之座

1　这里指的是布伦瑞克—吕讷堡公爵约翰·弗里德里希。

2　这里指的是约翰·克里斯蒂安·冯·博纳伯格，莱布尼茨为他去了巴黎。参见 Leibniz's letter to Johann Friedrich, 21 May 1671（A II.1, 108）。

3　《论肉体的复活》（*De Resurrectione Corporum*）这篇短文作为上述书信的附录被发表了出来（A II. 1, 115—117）。

4　克里斯蒂安·克诺尔·冯·罗森罗斯（Christian Knorr von Rosenroth），一位犹太神秘哲学家和炼金术士。

5　这一作品的完整标题是《关于复活的可能性的一些物理学—神学上的考虑》。该作品转载于 M. A. Stewart, ed., *Selected Philosophical Papers of Robert Boyle*（Manchester: Manchester University Press, 1979), pp. 192–198。莱布尼茨关于这本书的笔记（1675 年 12 月—1676 年 2 月上半月?），参见 A 237—241。

6　参看 *De Incarnatione Dei seu de Unione Hypostatica*, 1669–1670? (A VI.1, 533)。莱布尼茨指出，灵魂并不与形体所有的微粒结合在一起，而是"以一种固定不变的、不可分离的实体之花的形式"内在于大脑的中心，它实质上是以一种不会因死亡而分离的方式保持统一。关于"实体之花"，另参见莱布尼茨关于波义耳的笔记（A 238）。

7　参看 *De Resurrectione Corporum*, A II.1, 117:"犹太人说，灵魂

和实体之花一起，保存在他们称作'鲁兹骨'的一小块骨头里，不会被所发生的任何事情征服。"另参见 *Specimen Quaestionum Philosophicarum*, 1669 ed.（A VI.1, 91）以及 To Arnauld, 30 April 1687（GP II, 100）。早些时候，在1671年5月21日致约翰·弗里德里希的信中，莱布尼茨曾提到过"内核"（Kern），在身体的其他部分被摧毁之后，它仍然存在（A II.1, 108–109; GP I, 153）。

8 参看 Boyle, op. cit., ed., Stewart, p. 198。

9 P. Borel, *De Vero Telescopii Inventore...Accessit etiam Centuria observationum microscopicarum*, 1655.

10 这似乎就是这个词的意思。但是，在"果实"的属格（"fructūs"）的位置上，莱布尼茨写成了"果实"的与格，"fructui"。

11 关于"可塑力"，参见 Boyle, op. cit., pp.80, 144, 195–196。

12 谢克，也就是雅各布·德根（Jakob Degen，1511–1587），关于他的代表作，参见 *De plastica seminis facultate libri tres*, 1580。戴维森，也就是威廉·戴维森（William Davidson，他在1635年—1660年比较活跃）是一位苏格兰炼金术士，曾在巴黎居住多年。

[131]　　**13** 莱布尼茨在巴黎期间结识了数学家克劳德·佩罗；这时，他似乎已经对佩罗的一些未发表的作品有所了解。另参见本卷第5篇文章。

14 参看上述注释8。

15 参见 Boyle, op.cit., p.196，波义耳在这里提到了"通过化学实验，基歇尔、波洛尼亚的内科医生奎塞塔努斯以及其他人证实了通过温和的加热能够在密闭的小瓶中使被火烧毁的植物的完满观念重现"。

202

5. 论灵魂与身体的统一

1　这个日期是根据前一篇文章中提到了佩罗来确定的。

2　这个术语的意思是感觉器官：参见 To Clarke, Paper 2, Nov. 1715, sec. 3（GP VII, 356）。

3　莱布尼茨的意思是（正如下一句话明确指出的那样）同时不止有一种活动和受动。

4　莱布尼茨指的是"印象深刻的显象"，即被知觉或被理解的对象在心灵中留下的印象。参见 *Discours de Métaphysique*, 1686, sec. 26（GP IV, 451）。

5　这里把"Deo"当成了与格。如果把它当成离格，这句话的意思就会是，"整个世界是上帝内部的一个涡旋。"但这种泛神论的观点似乎并不是莱布尼茨典型的观点——尽管必须指出的是，他在 1676 年 4 月 15 日的一篇文章（No. 10, A 512）中认为，受造物与上帝的关系是部分与整体的关系。

6. 论积量

1　这个日期表明它与 1676 年初的其他形而上学讨论有着密切的关系。

2　莱布尼茨似乎想找一个词去表示"优点"的对立面；他的困难源于这样一个事实：在古典拉丁语中，"demereo"的意思是"应得的"。

3　原文"multatum"（被惩罚的）可能有误，应该是"mutilatum"（肢体残缺的）。

4　科学院版列出了以下参考文献：To Jakob Thomasius, 30 April

1669（A II.1, 22）; To Chapelain（?）, first half of 1670？（AII.1, 50）;
De Natura Rerum Corporearum, second half of 1671？（A VI.2, 304）;
On Marius Nizolius, early 1670（A VI.2, 441）。

5 原文字面意思是，"就是 3 个脚长"。

6 莱布尼茨在早些时候的文章中就此给出了完整的证明，参见 *Demonstratio Propositionum Primarum*, autumn 1671–early 1672?（A VI.2, 482–483）。

7 对比一张可能完成于 1671 年下半年至 1672 年初的定义表（A VI.2, 498）："规则是一种工具，它持续地运用于空间的同时也决定了运动的形状。因此，圆规不是一个规则。如果有人要用某个环状物或实心环来描述一个圆，那它就是一个规则。"

8 莱布尼茨在他的另一篇文章中回到了这一主题，参见 *Meditationes de Cognitione, Veritate et Ideis*, 1684。参见他在这篇文章中对颜色的讨论（GP IV, 422–423）。

9 莱布尼茨后来认为，空间是一种并存的秩序，而时间是一种接续的秩序：参见，比如，To des Bosses, 16 June 1712（GP II, 450）。

[132] 而他在本文中的观点或许是，如果我们说，比如，一只昆虫活了一天，那么我们必须把昆虫的出生看作与黎明同时发生，把它的死亡看作与日落同时发生。

10 也许这里指的是 Descartes, *Principia Philosophiae*, II, 11, 笛卡尔在这里声称空间和有形实体之间没有任何真正的区别。

7. 关于科学和形而上学的笔记（节选）

1 *De Anima*, III, 5.

2 科学院版在这里提到了 *De Principio Individui*, 1663, secs. 15, 25（A VI.1, 15, 18）。

3 这里可能指的是傅斯修（Vorst）；参看本卷第 3 篇文章，A 475。

4 这个定义在莱布尼茨证明上帝的可能性的过程中起到了重要的作用。参见本卷第 7 篇文章（A 395），以及 Nos. 18（A 575, 577），Nos. 19（A 578）。

5 注意，这里用到了充足理由原则。

6 参见本卷第 4 篇文章（A 478）中关于"实体之花"的论述。

7 对照本卷第 3 篇文章（A 473）中关于"物质的黏合剂"的论述。

8 "insecabilis"的字面意思是"不可切割的"，它与希腊语"atomos"（原子）有关。另参见 A 524。

9 这里可能指的是宇宙其余部分的努力，它们冲击着心灵和形体。

10 这里指的是马尔比基，他对雏鸟胎儿的显微镜观察使他相信，胎儿在未受精的卵子中"预先形成"。关于马尔比基的观察，参见 *De formatione bulli in ovo*, 1673。莱布尼茨在 1695 年完成的《新系统》（GP IV, 480）中提出了同样的反对灵魂轮回的论点。

11 参见 Aquinas, *Super IV libros sententiarum*, II, d.3, q.1 ad 4; d.32, q.2 ad 3。

12 从上下文来看，形容词"verus"的意思是"真的"（true），不过是从"真正的"（genuine）意义上说。

13 莱布尼茨的意思是，一个自相矛盾的命题严格说来不能被思想，只能拿来说或写。

8. 对个体化原则的沉思

1　本卷所载作品的标题大部分都是由科学院版的编辑们给出的。不过，这篇文章（以及 Nos. 16, 19, 21, 22）的标题是莱布尼茨给出的。

2　值得注意的是，莱布尼茨在此认为，如果某种东西适合于 X，那么 X 便总是有一种合适的质——他将在 1686 年的《形而上学谈》及相关作品中阐发这种论证。

9. 论思想的要素

1　由于书写本文的这张纸被分成了几部分，所以我们可以推断，这篇文章在本卷第 8 篇文章（1676 年 4 月 1 日）之后，在莱布尼茨于 4 月 10 日搁置的另一篇文章（参见 *De Motu et Materia*, A, No. 68）之前。

[133] **2**　字迹几乎难以辨认。

3　参见本卷第 10 篇文章，A 509。关于同一种观点的后来的说法，参见 *Introductio ad Encyclopaediam arcanam*, 1678–1686? (C 513; VE Fasc. 4, p. 869)。我曾经在我的作品的引言中讨论过这一观点，参见 *Leibniz: Logical Papers*（Oxford: Clarendon Press, 1996），pp. xxvii–xxviii。还可参见该引言的修订版的德译本，A. Heinekamp, F. Schupp, eds., *Leibniz' Logik und Metaphysik*（Darmstadt: Wissenschaftliche Buchgesellschaft, 1988），pp. 262–263。

4　参看 A 506：它们在这里被区分成了"绝对的"同一性命题和"假设的"同一性命题。

5　参看本卷第 7 篇文章，A 396："在赋予语词某一意义之后……"

6　莱布尼茨接下来重新对定义、命题、证明、推理、确信和推证进行了讨论。

7　原文字面意思是，"就是使人确信"。

8　在这里，"推证"比"证明"更强有力。"证明"仅仅建立在被给定的东西之上，它的结论可能是一个真命题，也可能不是一个真命题，这取决于前提的真伪。"推证"则建立在应该被给定的东西之上，它的结论为真。

9　也就是说，继续列举应该被给定的命题。

10. 论真理、心灵、上帝和宇宙

1　这种说法很别扭；人们期待的说法可能是，"我拥有这样那样的知觉"或"这样那样的感觉"。[对照另一篇文章（No. 9, A 507）结尾所说的："我意识到了这个或那个东西，即我所感觉到的东西。"]也许莱布尼茨的意思是，我意识到的不仅仅是感觉，而且是某种事物的显象。

2　1676 年初莱布尼茨曾就斯宾诺莎的《伦理学》与契恩豪斯有过一次对话，这里可以看作是对这一对话的回应。契恩豪斯告诉莱布尼茨说，根据斯宾诺莎的观点，经院哲学家从受造物开始，笛卡尔从心灵开始，而他（斯宾诺莎）则从上帝开始。

3　Descartes, *Meditation* III.

4　也就是说，有利于计算的准确。

5　这里提到的是笛卡尔的《谈谈方法》第二部分所包含的方法规则。

6 参看 No. 9, A 504。

7 对照他在《哲学家的告白》（A 119, 138–139）中关于死亡时心灵状态的论述，莱布尼茨在文中列举了一个死时憎恨上帝的人。

8 莱布尼茨很可能想到了斯宾诺莎的观点，即心灵是形体的观念（参看 Conversation with Tschirnhaus, A 385），他认为这意味着心灵在形体消亡时也将消亡。

9 参看 Spinoza, *Ethics* V, Prop. 23。

10 *Summa contra Gentiles*, I, 10.

11 *Summa contra Gentiles*, I, 11.

12 关于莱布尼茨对规则的看法，对照本卷第 6 篇文章，A 483。

[134]　　**13** 莱布尼茨想到了亚里士多德的主动理智学说，尤其是经由阿威罗伊主义者所解释的这一学说。

14 笛卡尔指出（*Principia Philosophiae*, II, 54–55）：坚硬的形体是指那些形体，即其所有的粒子都彼此处于相对静止的状态，并且除了它们处于静止这一事实之外，没有任何黏合剂把它们粘在一起。也许莱布尼茨的意思是，如果（正如他所指出的）每一个形体都被分割成其他的形体，那么这些形体就可以相对于彼此处于静止的状态。

11. 论形式，或上帝的属性

1 这篇文章与另一篇日期标注为 1676 年 4 月的文章的结论被写在了同一张纸上，参见 A, No. 65（*Linea Interminata*）。

2 莱布尼茨在这里把"影像"理解成了刚才提到的那种在形体中留下的痕迹。参见 Descartes, *Optics*, Discourse 4, 以及 Spinoza, *Ethics* II, Prop. 17 Schol。

3　参看本卷第 13 篇文章，A 520：运动是"某种事物在某一特定时间内的转移"。

4　参看本卷第 6 篇文章，A 482。

5　参看 *Demonstratio propositionum primarum*, autumn 1671–early 1672?（A VI.2, 483）。

12. 论回忆与心灵的自我反思

1　这篇文章紧跟本卷第 11 篇文章之后，被写在了同一张纸上。

2　事实上，作者是奥古斯丁·奥列吉斯（Augustinus Oregius）。关于这本书，参见 *Aristotelis vera de rationalis animae immortalitate sententia*, 2nd ed., 1630。

3　马菲奥·巴贝里尼（Maffeo Barberini,1568–1644）自 1623 年开始担任教皇。1616 年，他被钦点为红衣主教。

4　也就是说，没有影像，即身体上没有留下"痕迹"，就没有记忆。参见本卷第 11 篇文章，A 514。

5　莱布尼茨后来说："我们所有的现象……都只是我们存在的结果。"但是，每一种实体都由上帝创造和保存，因此上帝在某种意义上是"它自己的知觉"的唯一"原因"。参见 *Discours de Métaphysique*, 1686, sec. 14（GP IV, 439）。

6　对照他对斯宾诺莎的心灵学说的抨击，参见本卷第 10 篇文章，A 510。

7　这里，我猜测莱布尼茨原本想写的不只是"cogitationes"，而是"per cogitationes"。

8　参见 *De Corpore*, Chap. 25, sec. 1。

13. 论事物源于形式

1 这篇文章被写在了一张纸的正反两面上，而本卷讨论相同主题的第 14 篇文章也被写在了这张纸上。

2 莱布尼茨实际上说的是，观念构成了思想这一属的一个种。对照 1676 年初他关于傅歇对马勒伯朗士的《真理的探索》的回应所做的笔记（A 314）。

3 这里可能指的是 Spinoza, *Ethics* II, Prop. 13。

[135] **4** 参看本卷第 11 篇文章，A 513："思想既有主体也有客体。"

5 拉丁语 "micare"（即 "digitis"）指突然举起手指让别人猜。莱布尼茨似乎把 "对某种闪烁的事物的感觉"（micatio）与这种身体活动联系在了一起。

6 原文字面意思是 "绝对广延物"。

7 原文这里用 "ipsa" 指代前一句中的 "basis"。

8 短语 "quod vocant" 表明莱布尼茨使用的是一个标准的专业术语。对照 Gassendi, *Syntagma Philosophicum*, 1658, II.1："那个空间通常被称作想象的空间，大多数神圣的神学家都承认它存在于宇宙之外"（trans., C. Bush, *The Selected Works of Pierre Gassendi*, New York: Johnson reprint, 1972, p. 389）。另参见 A letter of Leibniz to Remond, 27 March 1716（GP III, 674）："正因为如此，古人们把世界之外的空间——也就是说，没有物体的空间——称作想象的空间，是正确的。"

9 关于这一点，参看 A 475，A 484。

10 参看，比如，A 578。

11 参看本卷第 11 篇文章，A 514：上帝的本质在于祂是 "所有相容的属性的主体"，而上帝的某一属性就是"某种简单形式"。关于本质是一种聚合，参看本卷第 17 篇文章，A 573。

12　参看本卷第 11 篇文章，A 514："但是，没有什么能阻碍完满思想的存在，即对一切事物的思考。"

13　参看本文开头（A 518）对"观念"的定义。

14　这句话似乎没有说完。

15　这里用到了充足理由原则。

14. 论简单形式

1　日期是后来添加上的。

2　这里大概指的是知觉。参见本卷第 3 篇文章，A 474–475。

3　原文是"3+2"，那一定是错了。

4　对照莱布尼茨大约同一时间（1676 年 3 月至 4 月）对柏拉图的《泰阿泰德篇》所做的拉丁文摘要中的一段话（A 301）。莱布尼茨用苏格拉底的话说道（*Theaetetus* 155 b–c）："你会因成长而变高；而我——现在和你一样高——将保持原样，同时我的身体也不会失去任何东西。那么，总有一天，随着你成长，我会变得比你矮。这件事太奇妙了——换句话说，与我们的假定相反，我在没有任何改变的情况下变成了不同的东西；尽管我没有失去任何东西，但我却变得更矮小了。"莱布尼茨评论道："这个难题值得注意，并且它对其他问题来说也非常重要。"关于这个论题，参见本卷原文引言第 9 节第 41 页。

15. 论世界的充盈

1　莱布尼茨后来加上了日期。从内容来看，这些笔记一定是这一年初写的。

2 参看本卷第 11 篇文章，A 514—515。

3 参看本卷第 14 篇文章，A 523。

136

4 莱布尼茨用这个形容词（insecabilis）来形容原子。参看本卷第 7 篇文章，A 393。

5 这一论证似乎是，如果有一个充实空间，但却没有原子，那么就不会有个别事物，而只会有一个无特征的整体。

6 也许莱布尼茨的意思是，存在有无穷多的原子。

7 这里用到了充足理由原则。

8 莱布尼茨可能是在批评伽森狄（参看 *Confessio Naturae contra atheistas*, 1669, A VI.1, 491; GP IV, 108），后者复兴了伊壁鸠鲁的观点，即原子通过钩子连接在了一起（参看 Lucretius, *De Rerum Natura*, II, 394）。另参见 Leibniz, *Theoria Motus Abstracti*, 1671（A VI.2, 274; GP IV, 239）。

9 这里用到了和谐原则。另参见 A 526："在我看来这是最美的……"

10 这可能意味着，在一个给定的空间里，这样的球体比以前少了。莱布尼茨说，如果不移动较大形体周围的形体，较大形体就无法分开，这似乎是在解释若干较大形体是如何连接在一起的。这不是说较大形体之间没有空隙；而是这些空隙只能被较小的形体填充。

11 "世界上的"——即我们地球上的形体——可能与"超越现实世界的"形成对照。

12 原文字面意思是"所有方向"。

16. 威廉·帕西迪乌斯论事物的奥秘

1 "Guilielmus"是莱布尼茨的中间名"Wilhelm"（威廉）标准的拉丁形式。"Pacidius"（帕西迪乌斯）这个名字似乎是莱布尼茨自己杜撰的。它与"pax"（和平）有关，可能也与"dius"或"divus"（神圣）有关，因此他可能是将自己的名字"Gottfried"（字面意思是"上帝的平安"）译成了拉丁文。不过，有些学者认为这个名字的意思是"调解者"（比如，A. Heinekamp, in E. Stein, A. Heinekamp, eds., *Gottfried Wilhelm Leibniz: Mathematiker, Physiker, Techniker*, Hanover: Schlütersche Verlagsanstalt, 1990, p.20）。莱布尼茨经常用到这些名字：参见，比如，A VI.2, 510（GP VII, 51）；A 528；C 515；GP VII, 49, 54。

2 这一计划，无论是在内容上还是在时间上，都与莱布尼茨计划写一本《关于至高无上者的神秘哲学的基本元素》[参看本卷第 3 篇文章（A 472）的注释]密切相关。莱布尼茨的对话体文章《帕西迪乌斯与爱真理者的对话》可能就是为了完成这一计划的条目 7。

3 莱布尼茨给出的标题。这一百科全书式的著作的大纲很有趣，因为它涉及《论至高无上者》中讨论的许多主题，同时也展示了莱布尼茨在科学技术领域的广泛兴趣。

4 参看本卷第 3 篇文章（A 475），及其注释 14。

5 这里也许指的是这样一门医学科学，它建立在牢固确立的原则之上，而不仅仅是经验性的。

6 "tinctura"，像"exaltatio"（提炼）一样，是一个炼金术的术语。在这里，它可能意味着提取物质的精华。

7 手稿的这一部分做了较大的修改。在修改过程中，他漏掉了条目 18。

137

8 也许指的是莱布尼茨于 1671 年 12 月至 1672 年秋完成的"埃及计划"（Consilium Aegyptiacum）。这个计划讲的是路易十四（被称为"最信奉基督教的国王"）应该对埃及的穆斯林发动战争。这样一来，他希望路易十四的进攻目标能够转移到欧洲之外。参见 A IV.1，Nos. 10–18。

17.论一个最完满的存在者是可能的

1 本文第一部分的内容与 1676 年 3 月 22 日的笔记（本卷第 7 篇文章，A 395–396）中关于上帝的可能性的证明有关，第二部分的内容与莱布尼茨大约同一时期对至高无上者所做的反思有关。另一方面，这篇文章在内容上也与 1676 年 11 月斯宾诺莎给出的本体论论证版本很接近（本卷第 19 篇文章），而科学院版的编辑们认为这个日期可能更确切。

2 这里用到了充足理由原则。

3 原文字面意思是"广延物"。

4 这个论证的结论很容易让人想到斯宾诺莎。也许正是这一事实致使莱布尼茨在又写了几行之后便放弃了这篇文章。

5 这一段在这里中断了，接着是一个关于形而上学的书写方式的说明。莱布尼茨在文章的最后谈到了属性、分殊等的定义。

18. 一个最完满的存在者存在

1 这篇文章与 1676 年 10 月 29 日至 11 月 10 日完成的《帕西

迪乌斯与爱真理者的对话》被写在了同一张纸上。最后四段实际上是
1676 年 11 月 18 日至 21 日提交给斯宾诺莎的文章的草稿（本卷第 19
篇文章）。

2　莱布尼茨大概指的是其他所有的必然命题，即那些必然但并
非不可推证的命题。

3　人们通常不会说"A 不是 B"是同一性命题。但莱布尼茨考
虑的是 A 和 B 在逻辑上相互排斥的情况，例如，"思想不是广延"，
而莱布尼茨这样说的意思是"思想不是某种不同于思想的东西"。

4　*Theaetetus*, 201e–202a。参看莱布尼茨大概完成于 1676 年 3
月至 4 月的对《泰阿泰德篇》所做的拉丁文摘要（A 309）。

5　也就是说，并不仅仅是两种形式，莱布尼茨前面已经证明了
这一点。

6　莱布尼茨在这里给出了本体论论证的另一个版本，它的出发
点不是完满性的概念，而是必然存在者的概念。

7　莱布尼茨在这里似乎用动词"给定"（dari）而不是用于指
代真实存在的动词"存在"（existere）来指代概念上的存在。参看 A
577，最后一段。

8　这一段的末尾更充分地讨论了可逆命题（即"每一个 A 都是
B，每一个 B 都是 A"）。

9　莱布尼茨的意思似乎是：假设 B 被分析成了 EFG 等，假设 A
被定义为 EFG。用 A 替代 EFG 后，我们得到，"每一个 B 都是 AH 等"。　[138]

10　莱布尼茨这里想到的可能是普遍命题（如上一段）以及这
样一个事实，即如果给定任一普遍的否定命题，比如，"任何 A 都不
是 B"，那么人们也可以断言，"任何 B 都不是 A"。

19. 论一个最完满的存在者存在

1 莱布尼茨可能是在一次拜访斯宾诺莎期间（1676 年 11 月 18 日—21 日）写下了这一证明。后来他就这一会面又补充了一个记录（"当我在海牙的时候，我向斯宾诺莎先生展示了这一论证……"）和一个注释。

2 这是莱布尼茨给出的标题。

20. 我的原则是：任何可以存在并与其他事物相容的事物都存在

1 在标注这篇文章的日期时，莱布尼茨用的是旧历；为了保持一致，在翻译中，我把它改成了新历。（参看本卷原文引言第 9 页）

2 对照莱布尼茨的这一观点（本卷第 3 篇文章，A 474），即物质实际上被再分割为无限多个点。

3 参看本卷第 3 篇文章，A 473。

4 关于"可共存"一词，对照那份可能完成于 1671 年下半年至 1672 年初的定义表（A VI.2, 498）："可共存的事物指的是，给出其中一个，并不意味着就否定了另一个；或者说，假定其中一个存在，另一个可能存在。"

5 这个短语"事情的发展过程"（cursus rerum）是西塞罗和塔西佗的作品中的一个经典表述。

6 这是一个作品的构想，但莱布尼茨并没有去完成这一作品。成熟时期的莱布尼茨驳斥了毕达哥拉斯关于灵魂轮回的观点，并提出了同一动物变形的观点：参见，比如，*Système Nouveau*, 1695（GP IV, 481）。他同样反驳了笛卡尔关于低等动物只不过是没有灵魂的自动机的观点；比如，*Système Nouveau*, GP IV, 478。

21. 上帝的定义，或，独立存在者的定义

1　我们无法精确地确定这篇文章的日期。它的内容与对上帝存在的讨论有关，这些讨论从 1676 年 3 月 22 日完成的《关于科学和形而上学的笔记》（A 395）开始，最后以与莱布尼茨访问斯宾诺莎有关的论文（nos.17–19）结束。另一方面，这篇文章可能写于汉诺威，因为（正如科学院版的编辑们指出的那样）莱布尼茨在 1677 年使用了类似的纸张。

2　这是莱布尼茨给出的标题。

3　对照其他文章〔参见 *Specimen Inventorum*, 1686–1695?（GP VII, 310）〕以及一篇未标明日期的文章（VE Fasc. 8, p. 1909; trans., G. H. R. Parkinson, *Studia Leibnitiana* 6, 1974, pp. 26–27）中类似的评论。

22. 关于宇宙的绝妙推证链条

[139]

1　"Summa rerum" 在这里似乎指的是"事物的总和"，即宇宙，而不是本卷第 3 篇文章所说的"至高无上者"。参看本卷原文引言第 1 节第 13 页。

2　这是莱布尼茨给出的标题。关于这篇文章的日期，参看本卷第 20 篇文章的注释 1。

3　这是矛盾原则和排中原则的一种表述。

4　参看本卷第 25 篇文章，A 400。

5　这里可能指的是文章第一句话中提到的排中原则。

6　有趣的是，莱布尼茨早在与信仰牛顿学说的克拉克争论之前

就驳斥了绝对时间概念。

7 John, 5:17（New English Bible）.

8 这里用到了充足理由原则。下一段也用到了充足理由原则："我们没有它不变得更大的理由。"

9 "穿插其间的"真空似乎就是形体之间的真空（参看 A 493）；"巨大的"真空似乎是所有形体都存在于其中的一个空的超出世界之外的空间。关于超出世界之外的（或"超越现实世界的"）空间，参看 Clarke's third reply to Leibniz, May 1716, sec. 2（GP VII, 368）。

10 对照 Descartes, *Principia Philosophiae*, III, 48：世界被分割而成的粒子起初并不是球形的，而是经过一段时间后变成了球形的。

23. 思想不运动

1 日期可能是后来添加上的。

2 也就是，当他知觉他自己的思想时，没有人能说出他感知到的是什么样的运动。

3 这个论证似乎是这样的：假定思想不包含广延（它是某种"最简单的"东西），那么它也就不包含运动，因为广延是运动的一部分。为了解释这一命题，莱布尼茨在这里似乎用到了内涵法，他实际上说的是运动概念包含广延概念。

4 这似乎是一个新论点；但是，如果"不受符号影响的思想"被看作是直接知觉，它就可以与文章开头所述的论点联系起来了。

24. 论存在

1 科学院版的编辑指出，这里的笔迹与 1676 年 12 月完成的一些文章的笔迹相似，参见 Nos. 20, 22, 25。

2 对照莱布尼茨对斯宾诺莎的书信的评论（1676 年 2 月?），参见 A 282, n.25；另参见本卷原文引言第 4 节第 25 页。

3 这里用到了充足理由原则。

4 从下一句话来看，莱布尼茨这里想到的似乎是那些非必然的事物的存在。

25 关于形而上学的笔记

1 参看本卷第 24 篇文章，A 588："它里面有它所感知和所做的那些事情的观念……"

2 从接下来的论证可以清楚地看出，这就是莱布尼茨想说的；[140] 但他实际上写的却与此恰恰相反。参看 Grua, 266, n. 16。

3 参看本卷第 22 篇文章，A 584。

4 在莱布尼茨后期的哲学中，"次级物质"（materia secunda）是一个技术术语，参见，比如，To Arnauld, 9 Oct. 1687（GP II, 119）。然而，这个术语在这里似乎没有技术意义；它似乎只是指围绕它所携带的作为"初级物质"的形体的那种物质。

人名索引

主题索引

的恩典，31，125—126；infinity of，上帝的无限性，69，71；mind of，上帝的心灵，11，25，29，65，71，77，79，81，113，115；ontological argument for，上帝存在的本体论论证，xix—xxi，49，63，91，93，97，99，101，103，137；origin of things from，事物源于上帝，77；personality of，上帝的位格，27；will of，上帝的意志，113

gravitation，重力，21

greater，defined，较大者的定义，39

gyration，旋转，87，128

happiness，幸福，29，31，75，83

hardness，硬、坚硬，67，134

harmony，和谐，xxvii，113；pre—established，预定和谐，li；principle of，和谐原则，xxvi—xxvii，xxxix—xli，xliii，xlviii—l，13，21，25，29，113，136

homogeneity，同质、均质，39，41，67

hypotheses，假设，29

idea，观念，xvii—xviii，3，5，75，81，113，115，134—135

identity，同一性，77；personal，see mind，identify of，人格的，参见"心灵的同一性"；principle of，同一原则，xiv—xv，53，57，118—19

images，影像，5，69，75，126，134

immeasurability，不可测量性，xxxv，27，43，67，77，79，81，85，122

impenetrability，不可入性，19，111

责任编辑：曹　春

封面设计：汪　莹

图书在版编目（CIP）数据

论至高无上者：形而上学论文集：1675—1676 ／（德）莱布尼茨 著；
　高海青译．—北京：人民出版社，2021.9
（莱布尼茨著作书信集）
书名原文：Metaphysical Papers, 1675–1676
ISBN 978－7－01－023634－6

I.①论… 　II.①莱…②高… 　III.①莱布尼茨（Leibniz, Gottfried
　Wilhelm Von 1646–1716）－形而上学－哲学思想－文集
　IV.① B516.22–53 ② B081.1–53

中国版本图书馆 CIP 数据核字（2021）第 154178 号

论至高无上者

LUN ZHIGAOWUSHANG ZHE

——形而上学论文集 1675—1676

[德] 莱布尼茨 著　高海青 译

人民出版社 出版发行

（100706　北京市东城区隆福寺街 99 号）

北京盛通印刷股份有限公司印刷　新华书店经销

2021 年 9 月第 1 版　2021 年 9 月北京第 1 次印刷
开本：880 毫米 ×1230 毫米 1/32　印张：7.75
字数：183 千字

ISBN 978－7－01－023634－6　定价：58.00 元

邮购地址 100706　北京市东城区隆福寺街 99 号
人民东方图书销售中心　电话 (010) 65250042　65289539